大学英语翻转课堂教学实践研究

周 红 著

延边大学出版社

图书在版编目（CIP）数据

大学英语翻转课堂教学实践研究 / 周红著. -- 延吉：延边大学出版社，2022.9

ISBN 978-7-230-03836-2

Ⅰ. ①大… Ⅱ. ①周… Ⅲ. ①英语－课堂教学－教学研究－高等学校 Ⅳ. ①H319.3

中国版本图书馆 CIP 数据核字(2022)第 180251 号

大学英语翻转课堂教学实践研究

著　　者：周　红
责任编辑：李　磊
封面设计：正合文化
出版发行：延边大学出版社
社　　址：吉林省延吉市公园路 977 号　　邮　　编：133002
网　　址：http://www.ydcbs.com　　E-mail：ydcbs@ydcbs.com
电　　话：0433-2732435　　传　　真：0433-2732434
印　　刷：廊坊市广阳区九洲印刷厂
开　　本：787×1092　1/16
印　　张：11
字　　数：200 千字
版　　次：2022 年 9 月 第 1 版
印　　次：2022 年 9 月 第 1 次印刷
书　　号：ISBN 978-7-230-03836-2

定价：68.00 元

前　言

大学英语作为我国高等教育阶段的一门公共基础课程，是高校众学科专业课程改革的先行者和奠基者。大学英语教学质量的高低和学生学习效果的好坏都或多或少地影响着其他学科教学的开展，因此大学英语课程已成为新时代大学生学好专业知识、拓展国际化视野和提高就业竞争力的关键所在。如今，我国信息技术的快速发展、网络技术的推广应用和教育部规划的有效实施，都为翻转课堂的传播和应用提供了良好的平台和难得的契机。翻转课堂作为国际化创新型教学模式，有着传统教学模式无法比拟的独特优势，引进翻转课堂并将其应用于我国大学英语教学实践，可以有效突破当前我国大学英语教学发展的困境，为我国高校学生的英语学习提供较大便利，并且能从听、说、读、写、译等方面全方位地提高我国大学英语教学水平和大学生的英语综合运用能力。

本书依据我国大学英语教学现状，以翻转课堂的理论与发展为基础，全面论述了适合我国教育现状的大学英语教学方法，分析了翻转课堂教育模式，以期为我国大学英语教学的研究与发展贡献一份力量。

本书以翻转课堂模式为视角，针对这一模式下的大学英语教学进行了深入阐述与剖析。本书第一章对大学英语教学进行了概述，第二章分析了翻转课堂教学模式，第三章探讨了翻转课堂教学实施与评价，第四章至第六章则分别论述了翻转课堂模式下大学英语词汇与语法、听说读写、翻译与文化教学。

由于笔者水平有限，加之编写时间仓促，书中难免存在疏漏和不足之处，敬请广大读者、同人批评指正。

周红

2022 年 6 月

目　　录

第一章　大学英语教学概述

第一节　大学英语教学的理论基础

一、语言学理论

（一）语言功能理论

英国功能语言学派的思想始于弗斯（J. R. Firth），后来在卡特福德（J. Catford）、韩礼德（M. A. K. Halliday）等的研究中得到进一步发展。这里就重点介绍韩礼德的语言功能理论。韩礼德认为，语言是在完成其功能中不断演变的，语言的社会功能会影响到语言本身的特性。具体来说，语言功能可以分为微观功能、宏观功能和纯理功能。

1.微观功能

韩礼德认为，微观功能是儿童在学习母语的初级阶段出现的，它包括以下七种功能：

（1）个人功能

个人功能指儿童可以运用语言来表达自己的感情、身份或观点看法。

（2）控制功能

控制功能指儿童可以通过语言来控制他人的行为。

（3）想象功能

想象功能指儿童可以运用语言来创造一个幻想的环境或世界。

（4）启发功能

启发功能指儿童可以通过语言来认识和探索周围的世界、学习和发现问题。

（5）工具功能

工具功能指儿童可以通过语言来获取物质，满足其对物质的需求。

（6）相互关系功能

相互关系功能指儿童可以通过语言与他人进行交往。

（7）信息功能

信息功能指 18 个月大的儿童可以通过语言向别人传递信息。信息功能是在婴儿成长后期掌握的。

需要指出的是，在儿童语言中，一句话只有一种功能而不会出现多种功能。随着儿童语言逐渐向成人语言靠拢，功能范围逐渐缩减，这些微观功能就让位于宏观功能。

2.宏观功能

相对于微观功能，宏观功能更为复杂、丰富和抽象，它是儿童由原型语言向成人语言过渡阶段出现的语言功能。宏观功能包括以下两类：

（1）实用功能。

实用功能源于儿童早期微观功能中的工具功能、相互关系功能和控制功能，它是指儿童将语言视为做事的工具或手段。

（2）理性功能

理性功能是由儿童早期微观功能中的个人功能、启发功能等演变而来的，它是指儿童将语言视为学习知识和观察事物的途径与方法。

宏观功能是早期儿童语言功能的过渡，它和微观功能、纯理功能存在功能上的延续性，这反映了人类语言为数不多的几种功能可以被运用于多种社会场合，同时也反映了人类在运用语言的过程中创造语言的必要性。

3.纯理功能

韩礼德理论中的纯理功能在功能语言学派中影响巨大。纯理功能包括以下三种：

（1）人际功能

人际功能是指语言具有表明、建立和维持社会中人的关系的作用，通过此功能，讲话者能通过某一情境来表达自己的推断、态度，并对别人的态度和行为造成影响。

（2）篇章功能

篇章功能是指语言具有创造连贯的话语或文章的功能，这些话语和文章对语境来说是切题和恰当的。韩礼德认为，语篇是具有功能的语言。

（3）概念功能

概念功能是指人们通过语言表述自己的内心世界和现实世界的经历的功能。语言的概念功能是指人们以概念的形式对其经验加以解码，并对主客观世界中的人、事、物等因素进行表达和阐述。

韩礼德认为，几乎每个句子都能体现语言的人际功能、篇章功能和概念功能，而且这三种功能经常同时存在。

在如何看待语言本质的问题上，韩礼德对语言功能的论述为研究者们提供了一个全新的视角，推进了语言学界对语言的理解。后来的交际法教学流派（又称功能-意念教学流派）就是以韩礼德的语言功能理论为基础建立起来的。

（二）克拉申的二语习得理论

20 世纪 80 年代初，克拉申（S. Krashen）针对第二外语的习得提出并发展了二语习得理论。该理论是最具争议的二语学习理论之一，共包括以下五个部分：

1.习得-学习假设

克拉申认为，“学习”和“习得”不同，它们是培养外语能力的两种途径。“学习”是学习者通过课堂学习等方式有意识地掌握语言语法规则的过程，而“习得”是学习者在无意识的状态下形成并掌握语言能力的过程，是一种类似于儿童学习母语的过程。

克拉申认为，语言学习只能监控和修正语言，却不能发展交际能力，外语应该通过习得来获取。另外，习得能够发展交际能力。

2.自然顺序假设

克拉申认为，一种语言的语法规则或结构是按一定的、可以预知的顺序习得的，这种情况也适用于第二语言（外语）的学习。

3.输入假设

在克拉申看来，理想的输入应具备以下四个特点：

首先，应具有足够的输入（$i+1$）。“$i+1$”是克拉申提出的著名公式。其中，“i”代表习得者现有的水平，“$+1$”表示语言材料应略高于习得者目前的语言水平。这意味着只要习得者能理解输入的材料，且达到了一定的量，这种输入就已经有了自动性。

其次，应具有可理解性。输入的语言必须可以理解，不可理解的输入对学习者不仅无用，而且还会损害学习者学习的积极性。具有可理解性的语言输入是语言习得的必要条件。

再次，应既有趣味性，又有关联性。趣味性与关联性可以增强语言习得的效果。

最后，应按照非语法程序安排。在语言习得的过程中不必按语法程序安排教学活动，重要的是要有足够的可理解的输入。

按照克拉申的二语习得理论，在进行外语教学时教师应尽量向学生提供可理解的语言输入，应使用一切手段来增加语言输入的可理解性。

4.监察假设

克拉申认为，有意识的学习（知识或规则）只能起到监察的作用。这种监察作用可以发生在写或说之前或之后。

需要指出的是，学习的监察作用必须具备以下三种条件才能发挥作用：有足够的时间，知道规则，注意语言形式。此外，这种监控作用在不同的语言交际活动（如口头表达与书面表达）中会产生不同的交际效果。

5.情感过滤假设

情感指学习者的动机、需求、信心、忧虑程度及情感状态。这些情感因素会对语言的输入起到促进或阻碍作用，因而又被视为可调节的过滤器。

根据情感过滤假设，外语学习者积极的情感态度有助于更多地输入目的语，而消极的情感态度则会过滤掉很多目的语。因此，教师还应避免给学生施加压力，要努力营造一个轻松愉快、自由自在的学习氛围。

（三）斯温的输出假设

斯温（M. Swain）基于加拿大法语沉浸式教学结果的研究提出了输出假设。斯温认为，语言输入是实现语言习得的必要条件，但是除了这一必要条件还需要其他的条件，也就是说，要使学习者的英语学习达到较高的水平，除了对其进行可理解的输入外，还需要考虑学习者可理解的输出。

学习者需要充分理解并有效运用既有的学习资源，将其准确、合理地输出。在这一过程中，学习者的语言水平才能得到较高程度的提升，也才能在不断输出的过程中意识到自己在语言表达方面存在的问题。在英语教学实践中，教师应该尽可能给学生提供充足的语言表达与运用的机会，不断地培养和提高学生语言表达的准确性与流利性。斯温认为，语言输出的作用主要体现在以下几个方面：

第一，检验自己所提出的假设是否正确，是否具有一定的可行性。

第二，使学习者侧重把握语言形式。

第三，让学习者能够有意识地进行自我反思。

斯温的输出假设对英语教学有一定启示。当英语教师意识到语言输出活动对语言学习的重要性之后，就会相应地设计一些交际性的口头或笔头的语言实践活动来进行教学，如让学生复述、小组讨论、组织辩论等；在编写教案的过程中也会侧重添加一些实践性的语言输出活动，如角色扮演、针对某一话题发表不同意见和见解等。

（四）言语行为理论

言语行为理论作为语言语用研究中的一个重要理论，最初是由英国哲学家约翰·奥斯汀（J. L. Austin）在20世纪50年代提出的。之后，美国哲学家、语言学家塞尔（J. R. Searle）对言语行为进行了深入探讨。因此，这里主要介绍奥斯汀和塞尔的观点。

1.奥斯汀的言语行为理论

奥斯汀将话语分为表述句和施为句两大类别。此外，他还在此基础上提出了言语行为三分说。

（1）表述句与施为句

表述句是用来描写、报道或陈述某一客观存在的事态或事实的句子。表述句可以验证，并且具有真假值。

例如：Jim is lying in bed.

如果Jim确实在床上躺着，这句话就为真；反之则为假。

施为句是用来创造一个新的事态以改变世界状况的句子。施为句不可以验证，也不具有真假值。

例如：I call the toy horse Spirit.

这个句子既无法验证，也无法判断真假。这个句子的意义在于给玩具马命名，即给客观环境带来了改变。

可见，表述句与施为句的最大区别在于，表述句以言指事、以言叙事，而施为句以言行事、以言施事。

（2）言语行为三分说

奥斯汀发现了表述句与施为句两分法的不足之处，并修正了自己的观点，提出了更为成熟的言语行为三分说。他将言语行为分为以下三个层次：

第一，以言指事行为，就是指移动发音器官发出话语，并按规则将它们排列成词和句子。它是通常意义上的行为。

第二，以言行事行为，就是通过说话来实施一种行为。它是表明说话人意图的行为，可将以言行事行为简称为“语力”。奥斯汀将以言行事行为分为评价行为类、施权行为类、承诺行为类、伦理行为类和表态行为类五个类别。

第三，以言成事行为，就是以言取效行为，它是指说话带来的后果。需要说明的是，以言成事行为或以言取效行为只是用来指一句话导致的结果，不论结果如何都跟说话人的意图无关。

2.塞尔的言语行为理论

塞尔的主要贡献是改进了奥斯汀对以言行事行为的分类，并提出了间接言语行为理论。

（1）塞尔对以言行事行为的重新分类

塞尔将以言行事行为分为以下五类：

①承诺类。它表示说话人对未来的行为做出不同程度的承诺。此类行为的动词包括 threaten、pledge、vow、offer、undertake、guarantee、refuse、promise、commit 等。

②表达类。它表达说话人的某种心理状态。此类行为的动词包括 congratulate、apologize、deplore、regret、welcome、condole、boast 等。

③断言类。它表示说话人对某事做出真假判断或一定程度的表态。此类行为的动词包括 deny、state、assert、affirm、remind、inform、notify、declare、claim 等。

④宣告类。它表示说话人所表达的命题内容与客观现实之间的一致。此类行为的动词包括 nominate、name、announce、declare、appoint、bless、christen、resign 等。

⑤指令类。它表示说话人不同程度地指使或命令听话人去做某事。此类行为的动词包括 request、demand、invite、order、urge、advise、propose、suggest 等。

塞尔的重新分类具有很强的科学性，直到今天仍在使用。

（2）间接言语行为理论

所谓间接言语行为，就是通过实施另一行为而间接得以实施的言语行为。

例如：Can you pass the bottle for me?

这种言语行为虽然表面上在进行“询问”，但实际上表达的是一种“请求”行为，即“请求”是通过“询问”来间接实施的。

塞尔进一步将间接言语行为分为规约性间接言语行为和非规约性间接言语行为两个类别。规约性间接言语行为通常出于对听话人的礼貌，且根据话语的句法形式可立即推断出其语用用意；而非规约性间接言语行为往往比较复杂，需要更多地依靠交际双方共知的语言信息与所处的语境来进行推断。

二、心理学理论

（一）行为主义心理学

行为主义学习理论最初来源于苏联生理学家巴甫洛夫（Пётр Андреевич Павленко）的“条件反射”概念。20 世纪初，美国心理学家华生（John B. Watson）创立了行为主义学习理论。后来，美国学者斯金纳（B. F. Skinner）对华生的行为主义进行了继承和发展。这里主要介绍华生和斯金纳二人的观点理论。

1.华生经典行为主义理论

华生把有机体应付环境的一切活动称为“行为”，行为的基本成分是反应，反应分为习得的反应和非习得的反应。前者包括人们的一切复杂习惯和一切条件反射，后者则指人们在条件反射和习惯方式形成之前的婴儿期所做的一切反应。他将引发有机体反应的外部和内部的变化称为刺激，而刺激必然属于物理的或化学的变化。任何复杂的环境变化，最终总是通过物理变化或化学变化转化为刺激作用于人的身上。换句话说，刺激和反应都属于物理变化或化学变化，由此便形成了 S-R（刺激-反应）公式，通过刺激可以预测反应，通过反应可以推测刺激。

华生认为，学习就是以一种刺激替代另一种刺激建立条件反射的过程。在他看来，人类出生时只有几种反射和情绪反应，所有其他行为都是通过条件反射建立新的刺激-反应（S-R）连接而形成的。

华生主张心理学应该摒弃意识、意象等太多主观方面的东西，只研究所观察到的并能客观地加以测量的刺激和反应，无须理会其中间环节，并称其为“黑箱作业”。他认为人类的行为都是后天习得的，环境决定了一个人的行为模式，无论是正常的行为还是病态的行为都是经过学习而获得的，也可以通过学习而更改、增加或消除。他认为查明了环境刺激与行为反应之间的规律性关系，就能根据刺激预知反应，或根据反应推断刺激，达到预测并控制动物和人的行为的目的。华生认为，行为就是有机体用以适应环境刺激的各种躯体反应的组合，有的表现在外表，有的隐藏在内部。在他眼里，人和动物没什么差异，都遵循同样的规律。

2.斯金纳新行为主义理论

斯金纳于 1957 年出版了《言语行为》（*Verbal Behavior*）一书，从行为主义角度对言语行为系统进行了分析。斯金纳认为，人们的言语及言语中的各个部分都是在受到内部或外部刺激的情况下产生的。具体来说，斯金纳提出了“操作制约”的观点，这一观点强调语言学习的过程是一个不间断的操作过程，即发出动作然后得到一个结果或一个目的，这一动作就被称为“操作”。如果这一动作的结果是令人满意的，操作者就会重复“操作”，这时“操作”便得到了“强化”，也称为“正向强化”。人们的语言学习过程正是这样一个不间断的操作过程，使语言行为逐步形成。

斯金纳认为，在某一语言环境中，他人的声音、手势、表情和动作等都可以成为强化的手段，如教师可以通过表扬、肯定、满意的表示使学生的某种言语行为得到强化。只有言语行为不断得到强化，学生才能逐渐养成语言习惯，学会使用与其语言社区相适应的语言形式。如果学生的言语行为没有得到强化，语言习惯就不能形成，也就不能学习到语言。在学习时，只有反应重复出现，学习才能发生。因此，重复在学习中的作用是不容忽视的。

通过上述介绍可以看出，行为主义学习理论的形成主要基于以下六个观点：

第一，语言是一种习惯，是人类所有行为的基础部分，是在外界条件的作用下逐步形成的。

第二，在语言习得和语言学习过程中，外部影响是内在行为变化的主要因素。因此，语言行为和习惯是受外部刺激的影响而发生变化的，而不是受内在行为的影响。

第三，人们习得和学习语言的过程是按照操作制约的过程进行的，即发出动作—获得结果—得到强化。这也是人们习得语言的最基本的客观规律。

第四，学习是刺激与反应的连接，其基本公式为 S-R。也就是说，有怎样的刺激，就有怎样的反应。

第五，学习过程是一种渐进的尝试—错误的反复循环—最后成功的过程。学习进程的步子要小，认识事物要由部分到整体。

第六，强化是学习成功的关键。语言行为需要正向强化才能形成并得到巩固。正向强化主要指学习上的成就感及他人的赞许和鼓励，它是帮助学习者形成语言习惯重要的外部影响因素。

当然，行为主义学习理论也有很多不足之处，如它完全否认人类学习的内在心理机制，忽视了人类的主观能动性，难免会走向机械主义和环境决定论，受到认知主义等学习流派的批评。尽管如此，行为主义心理学的研究对英语教学仍有着重大影响，这些影响明显体现在实际的英语教学实践中。例如在语言学习的初级阶段，学生的不断观察、模仿和实践就是遵循了行为主义的学习理论。在外语教学的初级阶段，反复操练被看作是语言学习的一个重要且有效的手段，并得到了广泛的应用。

（二）人本主义心理学

人本主义的学习理论起源于 20 世纪五六十年代在美国兴起的一种心理学思潮。人本主义心理学起初并不形成于对学习和学习过程的研究，而是从临床心理学家、社会工作者和心理咨询工作者等一些对人类行为的基本原理和基本假设持有相似观点的心理学者的应用研究中产生的。人本主义心理学的主要发起者是马斯洛（A. H. Maslow），影响较大的代表人物是罗杰斯（C. R. Rogers）。他们认为，教育能够为学习者提供一个心理环境，这个环境充满了人情味，学习者在这个环境中得到辅导并将其固有潜能充分发挥出来。下面对他们的观点进行具体介绍。

1.学习动机论

人本主义心理学的动机论是以马斯洛的“需求层次论”为基础的。马斯洛从人的自我实现需要出发，将人的需要从低到高分为五个等级：生理需求、安全需求、社交需求、尊重需求、自我实现需求。其中，自我实现需求指的是人类能把自身潜在的东西变成现实的东西的基本倾向，是人的最高层次的需求。自我实现是对天赋、能力、潜力等的充分开拓和利用。马斯洛认为，人具有自我实现的动机，有自我实现需要的人总是致力于他们认为重要的学习和工作。

以马斯洛的需求层次理论为基础，罗杰斯提出了“自我实现”的三个阶段：

第一，“映射”阶段。在这一阶段，人的自我发展是由外界要求的“映射”产生的。处于这一阶段的学生，其学习动机往往来自教师的外在要求。

第二，混乱阶段。当学生有了一定的自我意识时，教师对学生的要求往往与学生自己的观点相互矛盾，结果造成学生无所适从，处于混乱状态。

第三，自我实现阶段。当学生的自我意识占据主导地位并认识到了自己的价值和能力时，学生便能独立地、创造性地作出判断和决定，从而实现自己的愿望。

马斯洛还针对如何使学生具备自我实现的学习动机的问题提出了许多策略性的建议，主要有以下几点：

①避开过去。学生在学习时，应将全部身心投入到学习中，排除先前事件的影响。特别是对于学习较差的学生来说，如果他们总是持有“我以前学得不好”的观念，那么他们将会停滞不前，不能取得进步。

②保持积极接受的态度。所谓积极接受的态度，是指学生在学习时，既要全神贯注、独立思考，又要虚心接受别人的意见。马斯洛指出，当我们以非干扰和安全接纳的方式与别人相处时，就能感受到更多的东西。因此，同学之间的互帮互学十分重要。

③防止两种心理障碍。其一是“低俗化”，即自以为看透所有世俗，不相信神圣的、美好的东西；其二是“约拿情结”，是指那种畏惧美好和神圣事物的心理障碍。

2.学习类型论

罗杰斯将学习分为两类，即无意义学习和有意义学习。

（1）无意义学习

罗杰斯认为，无意义学习只涉及心智，不涉及人的感情或个人意义，与完整的人无关。无意义学习类似于无意义音节的学习，学生要记住这些无意义音节是一项困难的任务，因为它们是枯燥乏味、无关紧要、很快就会忘记的东西。在罗杰斯看来，学生在课堂上学习的内容，有许多对学生来说都具有这种无意义的性质，几乎每个学生都会发现，他们课程中有很大一部分内容对自己是无个人意义的。

（2）有意义学习

有意义学习不仅仅是一种增长知识的学习，而且是一种与每个人各部分经验都融合在一起的学习，是一种使个体的行为、态度、个性及未来选择行动方针时发生重大变化的学习。例如一个5岁小孩迁居到另一个国家，在不进行任何语言教学的情况下，让他每天与新的小伙伴们一起自由地玩耍，他在几个月内就会掌握一种新的语言，而且还会习得当地的口音，原因就在于他是以一种对自己有意义的方式去学习新语言的，所以学习速度极快。倘若请一个专门的语言教师去教他，在教学过程中使用对教师有意义的材料，那么他的学习速度将会极其缓慢，甚至会停滞不前。罗杰斯认为，有意义学习能将逻辑与直觉、理智与情感、概念与经验、观念与意义等结合在一起。当我们以这种方式学习时，我们就成了一个完整的人，即成了能够充分利用我们自己所有能力来学习的人。

罗杰斯认为，有意义学习包括如下四个要素：

其一，学习具有个人参与的性质，即整个人的认知和情感都投入到学习活动中。

其二，学习是自我发起的，学生由于内在的愿望主动去探索、发现和了解事件的意义。

其三，学习是渗透性的，它会使学生的行为、态度乃至个性发生变化。

其四，学习是由学生自我评价的，学生自己评估自己的学习需求、学习目标是否完成等，因为只有学生最清楚某种学习是否满足自己的需要，是否有助于获取自己想要知道的东西，是否明了自己原来不甚清楚的某些方面。

3.学习实质论

人本主义心理学指出，学习的实质是形成与获得经验，学习的过程就是经验形成与获得的过程。在人本主义心理学的基础上，人本主义学习理论则从以下四个方面来解释学习的实质：

（1）学习即“形成”

人本主义学习理论重视学习方法的学习和掌握，强调在学习过程中获得知识和经验。在实际学习过程中，很多有意义的知识或经验不是从现成的知识中学到的，而是在做的过程中获得的。学生通过参加学习活动，进行自我发现、自我评价和自我创造，从而获得有价值、有意义的经验，以及如何进行学习的方法。所以，最有用的学习是学会如何进行学习。

（2）学习即理解

罗杰斯认为，个人的学习不是机械的刺激和反应之间连接的总和，而是一个心理过程，是个人对知觉的解释。具有不同经验的两个人在知觉同一事物时，往往会出现不一样的反应，这是因为两个人对知觉的解释不同，所以他们所认识的世界及对这个世界的反应也不同，而并非所谓的连接的不同所致。因此，要了解一个学生的学习过程，关键是要了解学生对外界情境或刺激的解释，而不只是了解外界情境或外界刺激。

（3）学习即潜能的发挥

人本主义心理学家认为，人类具有学习的自然倾向或学习的内在潜能，人类的学习是一种自发的、有目的的、有选择的学习过程。人本主义的学习观将学生看作一个有目的、能够选择和塑造自己行为并从中得到满足的人。因此，教学的任务就是创设一种能够有效激发学生学习潜能的情境，以使学生的潜能得以充分发挥。罗杰斯强调，教学要以学生为中心，教师的任务是帮助学生增强对自我和变化的环境的理解。此外，人本主义学习理论还强调学习过程应该是一个愉快的过程，在教学中不应将强迫、惩罚及种种要求或约束作为促进学生学习的方法。

（4）学习是对学生有价值的学习

马斯洛和罗杰斯都强调，学习的内容应该是对学生有价值、有意义的知识或经验。

罗杰斯认为，只有当学生真正了解所学内容的用处时，学习才能成为最好的、最有效的学习。通常来说，学生感兴趣并认为有用处、有价值的经验或技能学习起来比较容易，而那些学生认为价值小且效用不大的经验或技能学习起来很困难，也容易使人遗忘。人本主义学习观提示教师要尊重学生的兴趣和爱好，尊重学生自我实现的需要，在课程内容的设置上给学生以充分的自由，允许学生根据自己的兴趣和爱好及自我需要来选择有关的学习内容。

（三）认知心理学

认知学习理论是通过研究人的认知过程来探索学习规律的学习理论。认知学习理论的倡导者认为学习就是面对当前的问题情境，在内心经过积极的组织，从而形成和发展认知结构的过程，强调刺激与反应之间的联系是以意识为中介的，强调认知过程的重要性。其中，皮亚杰（J. Piaget）是认知学习理论的杰出代表人物之一。皮亚杰创立了日内瓦学派和信息加工心理学，即运用信息加工的观点研究人的认知活动。

皮亚杰认为，无论一个人的知识多么高深、复杂，都可以追溯到他的童年，甚至是胚胎时期。皮亚杰的理论试图以认知的历史、社会根源及认识所依据的概念和“运算”的心理起源为依据来解释认知，尤其是科学认知。在皮亚杰看来，人出生以后如何形成认知、发展思维，受哪些因素制约，各种不同水平的智力及思维结构是如何先后出现的等问题都是值得研究的。因此，他的研究主要集中在两个方面：认知发展的阶段性问题和认知发展的机制。其中，认知发展的阶段理论具有重要意义。皮亚杰从认知图式的性质出发，将儿童的认知发展划分为以下四个阶段：

①感知运动阶段（0～2 岁）。在这一阶段，儿童处于智力与思维萌芽的阶段，主要靠感觉和动作来认识周围的世界。

②前运算阶段（2～7 岁）。在这一阶段，儿童脑海里开始有事物的表象，并且能够用词代表头脑中的表象，认知开始具备符号功能。尽管他们能够进行初级的抽象，并且能够理解初级概念及期间概念，但是在他们的认知结构中，知觉表象仍然占有优势，他们的主要思维形式仍然是形象思维和直觉思维。

③具体运算阶段（7～11 岁）。在这一阶段，儿童的思维水平有了实质性的变化。他们的认知结构中有了抽象的概念，并具备了一定的逻辑推理能力。此时，借助具体事物和形象，儿童可以做出一定程度的推理。

④形式运算阶段（11 岁至 15 岁以后）。在这一阶段，儿童逐渐摆脱了具体实际经验对推理的控制，能够在不借助具体事物的情况下做出符号形式的推理假设。

皮亚杰认为，成熟、练习和经验、社会性经验、平衡化是影响人心理发展的四个基本因素。

总之，认知心理学冲破了行为主义对心理学的禁锢，对原先无法探测的大脑活动过程进行了科学的抽象，简化为可以直接观察的心理模型，通过客观方法研究更加高级和复杂的认知活动，使人类对自身的认识向前推进了一大步。

第二节　大学英语教学的构成因素

一、教师

教师是教学活动的组织者，也是影响教学效果最重要的变量之一。教师的主导作用是在与学生的交往中得以实现的。教师在教学过程中，除了要充分发挥出自身的主导作用，更要注重自身素质的提高。一位合格的大学英语教师应该具备较高的专业素养、师德素养及人格素养。

（一）专业素养

教师专业素养包括如下几个方面：

1.综合教学能力

综合教学能力是指在英语教学中所需要的除语言本身之外的教学能力，主要包括书写、唱歌、绘画、制作、表演等。较强的综合教学能力要求如下：能写，即书写字迹工整规范；能唱，即能结合学生学习的进程编写、教学生唱喜爱的英文歌曲；会画，即会画简笔画，并能运用于教学之中；会制作，即能设计制作适用于教学的各种教具，包括幻灯片、录像、电脑软件等；善表演，即能充分利用体态语，以丰富的表情、协调的动作表达意义或情感，做到有声有色。

2.系统的教学理论知识

系统的教学理论知识也是英语教师必须掌握的专业能力之一。所谓系统的教学理论知识，是指教师除了要具备教育学、心理学理论以外，还要掌握英语教学理论知识，这主要包括现代语言知识、英语习得理论知识和英语教学法知识等。

3.较高的语言水平

较高的语言水平是英语教师进行教学的基础，主要包括扎实的语言专业知识和较高的语言技能。英语教师不仅要具备系统的英语语音、语法知识，还要具备较大的词汇量，同时要具有良好的听、说、读、写等能力。较高的语言水平是开展教学活动的基本保障，教师只有具备较高的语言水平，才能全面地掌握教材，向学生传授英语语言知识，培养学生的英语语言技能。

4.英语教学的组织能力

英语教学的组织能力主要指教师动员和组织学生集体进行学习的能力。这一能力主要表现在教师有效地掌握课堂、有效地动员学生积极参加学习等方面。在有效掌握课堂方面，教师要做到以下几点：注意教材内容、自己的言语和表达；注意学生理解和表达的正确性，包括语音、语法、词汇及思想表达等方面的内容；注意课堂氛围和纪律；注意把握学生的注意力。做到以上几点，教师才可以使课堂教学井然有序。要想有效动员学生积极参与学习，教师需要具有一定的创造性。教师一进课堂就会进入一种创造性的境界，思维变得活跃，能够很容易地自由运用知识技能，从而使学生得到有力的感染，愿意全身心地投入教师引导的学习活动之中。教师流利的英语本身就是动员学生的一种力量，教师发音要清晰、准确、流利，内容易懂。教师还要能够根据学生的语言水平来组织自己的语言，使用学生学习过的词汇和语法结构。

5.传授和培养英语知识技能的能力

（1）教师要善于讲解

讲解是所有教师必须具备的最主要、最基本的工作能力。一位合格的英语教师要善于将复杂的教学内容变得通俗易懂，能够深入浅出地进行讲解。为此，教师不仅要充分了解学生的心理特点、生理特点及英语水平，还要认真细致地做好备课，并且要根据不同的内容选择适当的讲授方法，在讲解的过程中还要做到重点突出。

（2）教师要善于示范

英语教学既要传授知识，又要培养技能。学生语言技能的训练包括发音、书写、朗读、对话，这些都需要教师进行示范，然后学生对教师的示范进行模仿。教师要将示范和讲解相结合，用示范配合讲解，或者用讲解来突出示范中的重点，做到示范正确、标准。由于示范是为了让学生进行模仿，因此还要与学生的实践相结合。

（3）教师要善于提问

向学生提问是英语教学的重要手段，教师要善于使用这一手段。例如在讲授新知识之前通过提问来复习旧知识，用提问检查与复习讲授过的内容。使用提问教学手段时，教师要注意两点：一是提出的问题要适合学生的实际水平；二是提问要注意调动全班学生的积极性。

（4）教师要善于引导学生进行练习

语言技能的培养需要大量的语言实践，如语音练习、语法练习、口语表达练习、听力练习、阅读练习、写作练习等。教师要熟悉各种练习形式的作用，并在英语课堂教学中引导学生进行各种练习活动，有效培养学生的语言技能。

（5）教师要善于纠正学生言语中的错误

学生学习英语是一个逐步提升的学习过程，在这个过程中难免会出现错误。有些错误是学生可以自行改正的，教师对此类错误不必纠正。而对于有些必须纠正的错误，教师也应该有策略、有技巧地进行纠正。哪些错误需要纠正，哪些错误不用纠正，在何时纠正，如何纠正，这些都反映着教师的专业素质。

6.较强的科研能力

以往的英语教学只要求教师具备一定的语言水平和教学水平，但是随着时代的发展，英语教学对教师提出了新的要求，教师除了要具备一定的语言水平和教学水平外，还要具备较强的教育科研意识和科研能力。

一位优秀的英语教师不仅是教学的实践者，还应该是科研的参与者，是英语教学与学习规律的研究者。长期以来，我国的英语教学在很大程度上是照搬国外的英语教学理论和教学方法，这虽然在一定程度上促进了我国英语教学的发展，但是由于这些理论和方法大多是针对第二语言学习者提出的，而且我国的英语教学具有自己独特的语言文化背景，我国的学习者具有自己独特的生理与心理特点，因此这些理论与方法并不一定适合我国的英语教学。为了提高我国英语教学的效果，我们不应满足于借鉴国外的教学理论与方法，还应充分考虑中国的特色，结合我国的教学实践，通过融合与创新，努力探索具有中国特色的英语教学之路。为此，英语教师应该结合自己的教学经验和教学实践，通过不断调查研究教学实践过程，分析总结经验，改进教学，并将其中成功的经验上升为新的理论，丰富我国的英语教学实践，促进我国英语教学的发展。

（二）师德素养

师德是教师最重要的素养，也是教师从事教育教学活动的动力源泉。师德决定着教师对学生的热爱、对事业的忠诚、对教学执着的追求和对人格的塑造。同时，师德还直接影响着学生的成长。因此，英语教师必须具有坚定的理想信念，科学的世界观、人生观、价值观，忠于人民的教育事业的品质，爱岗敬业的奉献精神，热爱学生。教师只有自身真正懂得奉献、体现公正、具有责任感，才能做到言传身教。

（三）人格素养

人格素养是教师素养的综合体现。“学高为师，身正为范”概括了教师的职业特征和专业特征，同时也概括了对现代教师人格塑造的要求。一位优秀的英语教师应具有高尚的道德品行，宽容、谦逊、好学的品质，正确的自我意识，良好的心理素质，幽默的语言表达，和谐的人际交往，端庄的仪表风度，崇高的审美情趣，积极耐心的工作态度及丰富的知识经验等。这些方面并不是孤立的，而是相互联系、相互影响的。

二、学生

学生是英语课堂教学的主体和中心。每个学生都是独特的个体，他们之间存在着各种差异，这些差异尤其体现在语言潜能、认知风格、学习动机、学习态度及自身性格等方面，而且这些差异使得他们理解和掌握新知识的速度和程度不尽相同。这里重点分析一下学生在各方面存在的差异。

（一）语言潜能差异

语言潜能是学习英语所需要的认知素质，或是学习英语的能力倾向，它是一种固定的天资。努力提高学生的英语素质就是要培养学生的综合语言运用能力，而语言潜能正是就学生的认知素质预测出的其学习英语的潜在能力。卡洛尔（J. B. Carroll）提出外语学习能力应包括以下几种：

第一，语音编码、解码能力，即关于输入处理的能力。

第二，归纳性语言学习能力，它是有关语言材料的组织和操作能力。

第三，语法敏感性，它是从语言材料中推断语言规则的能力。

第四，联想记忆能力，它是关于新材料的吸收和同化能力。

不同学生的语言潜能存在一定的差异。在教学过程中，教师应了解学生的语言潜能，做到因材施教，使之针对不同的学习任务在不同场合下发挥各自的长处，以收到事半功倍的效果。

（二）认知风格差异

认知风格是指人在信息加工（包括接收、储存、转化、提取和使用）过程中表现出来的认知组织和认知功能方面的持久的、一贯的风格，它既包括个体知觉、记忆、思维等认知过程方面的差异，也包括个体的态度、动机等人格形成和认知功能与认知能力方面的差异。不同的学习个体有不同的认知风格。应该说，不同的认知风格各有其优势和劣势，但这并不代表学生的学习成绩有差别。学生之间可以有各自偏爱的信息加工方式，在学习不同材料时也会各有所长。当学生的认知风格与教师的教学风格、学习环境中的其他因素相吻合时，其学习成绩会更好。因此，教师应了解并尊重学生不同的认知风格类型，针对不同的学习任务和学习环境因材施教，妥善引导，使自己的教学特点与学生的需要有机联系，进而取得良好的教学效果。

（三）情感因素差异

学生情感因素方面的差异主要涉及以下几个方面：

1.学习动机

学习动机是指激发个体进行学习活动，维持已发生的学习活动，并使行为朝向一定的学习目标的一种内在过程或内部心理状态，是直接推动学生进行英语学习的内部动力，也是影响英语学习成绩的一个关键因素。学习动机来源于学习活动，也是学习活动得以发生、维持、完成的重要条件，并由此影响学习效果。

2.性格

性格是指一个人对现实的态度和行为方式表现得比较稳定但又可变的心理特征，是学生的重要情感因素，也是决定其英语学习成功与否的关键因素之一。人的性格大体可以分为外向型和内向型两种。埃利斯（A. Ellis）认为：外向型的学生善于交际方面的学习，因其喜欢交际，不怕出错，能积极参与英语学习活动，并在活动中寻求更多的学习机会；内向型的学生在发展认知型学术语言能力上更占优势，因其善于利用沉静的性格从事阅读和写作。对教师来说，研究学生性格差异的最终目的是充分了解学生的个体差异和不同的心理状态，发挥不同性格学生的优势，因材施教，以达到更理想的教学效果。

3.态度

态度是指个体对待他人或事物的稳定的心理倾向或为达到某种目的而做出的一定努力，是影响英语学习的重要因素之一。态度包括三个方面：情感成分，即对某一个目标的好恶程度；认知成分，即对某一个目标的信念；意动成分，即对某一个目标的行动意向及实际行动。一般来说，对异国文化抱有好感，向往其生活方式，渴望了解其历史、文化和社会习俗的学生，对其文化与语言会持积极的态度，这样就可以获得良好的学习效果；反之，对异国文化抱有轻蔑、厌恶甚至仇视态度的学生，则很难认真了解该文化并学好该语言。此外，学生对学习材料、教学活动的组织形式及对教师的态度都会影响到他们英语学习的效果。

对学生个体差异的分析对于教师根据学生的个体差异制订教学计划，选择合适的教学材料和教学方法具有重要的实践意义。

三、教学内容

教学内容是连接学生和教师的桥梁，也是教学实践中不可或缺的一个重要构成因素。所谓教学内容，就是指在教学活动中为实现教学目标，师生共同作用的知识、技巧、技能、思想、观点、概念、事实、问题、行为习惯等的总和。教学内容是一种特殊的知识系统，既不同于语言知识本身，也不同于日常经历；既要考虑英语学科本身的知识体系，又要考虑学生的年龄特点和实际需求等。一般来说，教学内容包括以下几个方面：

（一）语言知识

基础英语语言知识是综合英语运用能力的有机组成部分，是语言学习和语言运用的重要内容之一。没有扎实的语言知识，就不可能具有较强的语言能力。

（二）语言技能

听、说、读、写是学习和运用语言必备的四项基本语言技能，是形成综合语言运用能力的重要基础和手段。听是分辨和理解话语的能力，说是运用口语表达思想、输出信息的能力，读是辨认和理解书面语言的能力，写是运用书面语表达思想、输出信息的能力。通过大量听、说、读、写的专项和综合性语言实践活动，学生可以形成这四种技能的综合运用能力，为进行真实的语言交际奠定基础。

（三）情感态度

所谓情感态度，是指兴趣、动机、自信、意志和合作精神等影响学生学习过程与学习效果的相关因素，以及在学习过程中逐渐形成的祖国意识和国际视野。在教学中，教师应不断激发并强化学生的学习兴趣，引导他们逐渐将兴趣转化为稳定的学习动机，树立自信心，锻炼克服困难的意志，认识学习的优势与不足，乐于与他人合作，养成健康向上的品格。

（四）文化意识

在英语教学中，文化指英语国家的历史地理、风土人情、传统习俗、生活方式、文学艺术、行为规范、价值观念等。对学生来说，接触和了解英语国家文化有益于学生对英语的理解和使用，加深对本国文化的理解与认识，有利于提高人文素养，培养世界意识。因此，教师在教学中要主动向学生渗透文化意识，根据学生的年龄特点和认知能力传授文化知识，培养学生的文化意识和世界意识。

（五）学习策略

学习策略是指学生为有效地学习和发展而采取的各种行动与步骤。英语学习的策略包括认知策略、调控策略、交际策略和资源策略等。培养学习策略有助于学生有效学习英语，为终身学习奠定基础。使用有效的英语学习策略，不仅可以改进英语学习方式，提升学习效果，还可以让学生学会如何学习，从而培养学生自主的终身学习的能力。因此，教师要有意识地帮助学生形成适合他们自己的学习策略，对学生的学习过程和效果进行监控和反思，培养学生根据学习风格不断调整学习策略的能力，引导学生观察他人的学习策略，与他人交流学习体会，尝试不同的学习策略。

四、教学环境

任何教学活动都是在一定的教学环境中进行的，教学环境是教学活动的基本要素之一，是开展教学活动的依托。同样，英语教学也必须在现实的英语教学环境中进行，所以英语教学受制于教学环境这一因素。

（一）教学环境的构成要素

英语教学环境是指英语教学赖以进行的实际条件，即能稳定教学结构、制约教学运作、促进个体发展的教学条件和环境因素。教学环境是制约和影响英语教学活动及教学效果的外部条件。教学环境主要有以下几个要素构成：

1.学校环境

学校是为学生提供学习场所和学习手段的最佳环境，它对英语教学的影响更为重要和直接，决定着绝大多数学生英语学习的成败。学校环境主要包括课堂教学、接触英语的时间和频率、教学设施、教学资料、英语课外活动、英语教师的英语水平、校风班风和师生关系等。

2.社会环境

社会环境是影响和制约英语教学过程的重要因素，它主要指社会制度、国家的教育方针、英语教育政策、经济发展状况、科学技术水平、人文精神、社会群体对英语学习的态度及社会对英语的需求程度等。社会环境因素是英语教学向前发展的动力，对英语教学具有重要的导向作用。

3.个人环境

个人环境主要包括学生家庭成员的社会地位、物质生活条件、文化水平、职业特点和对英语学习的态度，以及成员之间的关系、学生的经济状况、拥有的英语学习设备和用具等。个人环境也会对学生的英语学习产生一定的影响。

（二）教学环境对英语教学的意义

成功的英语语言学习活动离不开其得以存在、发展、交流、应用的各种环境因素。教学环境潜在地影响着教学活动的效果，是学生学习活动赖以进行的主要环境。教学环境对英语教学的意义主要表现在以下几个方面：

第一，促进教师在教学中更加努力地营造良好的英语课堂教学环境，充分利用现代化教学手段与教学资源，优化教学环境，提高学生对英语的运用能力。

第二，可以帮助教师正确认识环境对学生英语学习的客观影响，结合中国的英语教学实际，理性地分析、判断和选择外国的英语教学理论与教学方法。

第三，可以帮助教师有效地加工语言输入材料，科学地设计语言练习，创设良好的课堂英语使用环境。

第四，有利于教师在不断学习和实践优化课堂教学环境的策略、创设良好的英语教学环境的过程中，提高自身的教学素质。

五、教学方法

在英语教学历史上，有多种教学方法都曾经发挥过重要作用，有效地促进了英语教学的发展，如翻译法、直接法、自觉对比法、听说法、视听法、认知法、功能法，以及由此派生出来的口语法、全身反应法、自然法、沉默法、暗示法、交际法等。但是，实践证明，没有哪一种教学方法是最好的、最有效的，也没有哪一种方法适用于所有时期、所有地区、所有教学内容。如果一个教师在英语教学中采用一成不变的教学方法，必然会使学生感到厌烦。而且，不同的教学方法对不同的语言知识、语言技能各有侧重，只有综合、灵活地运用各种教学方法才能有效促进学生英语能力的提高，才有利于学生的全面发展。

在英语教学中，教师应该注意无论使用什么样的教学方法，都必须以提高学生的语言交际能力作为教学的出发点，尽量将教学与实际生活结合起来，鼓励学生有创造性地、有目的地运用已学语言材料，在新的生活场景中重新组织语句，表达自己的感情。同时，教师应力求使教学过程交际化，教材内容应选自真实生活中的自然交际，适合学生的年龄，对处于不同阶段的学生应采取不同的教学方法。

第三节　大学英语教学开展的原则

一、以学生为中心原则

学生是教学活动的主体，英语教学要以学生为中心，充分发挥学生的主观能动性，提高教学效率。在英语教学中，实施以学生为中心的原则要求教师从以下两个方面着手进行：

（一）教材分析要以学生为中心

进行教材分析时，教师应充分理解并把握教学内容，了解学生所处的不同阶段的实际情况及学生的学习能力状况，以此作为调整教学目标与任务的依据；教师还要根据学生的需要对教材内容和活动进行心理化处理与最优化处理，使教材与学生的经验和体验结合起来，将教材内容变成问题的链接和师生对话的中介，使教材更好地服务于教学。

（二）教学方法和手段的选择要以学生为中心

在英语教学过程中，教师应选取多样化的教学方法和手段，做到以学生为中心。直观的教学方法可以使学生直接感受和理解语言，通过视、听、说可以激发学生参与的兴趣，强化记忆。形象化教学手段可以适应学生的直觉思维特点，因此教师可以选择一些有利于激发学生兴趣和好奇心的媒体形式，如幻灯片、投影、模型、录音、图片等，使学生积极地参与课堂学习，自然地感知语言，满足个人需求。

二、循序渐进原则

英语教学的循序渐进原则主要包括以下三层含义：

第一，语言的学习应从口语开始，然后逐渐过渡到书面语。英语包括口语和书面语两种形式，且口语早于书面语出现。与书面语相比，口语词汇通常较为常用，句子结构简单，学习起来比较容易。学生通过口语的学习可以尽快获得交际技能，满足日常交际的需要，这样就达到了学用结合的目的。

第二，就听、说、读、写等语言技能的培养而言，教师应该首先侧重培养学生的听、说能力，然后逐渐过渡到读、写技能的培养上。听、说、读、写是英语学习的四项基本技能，应该全面发展，但是在不同的阶段，侧重点应有所不同。听说教学能使学生掌握基础的语言知识，包括语音、词汇、句子结构等，这为培养学生读写能力奠定了基础。因此，在英语学习的初级阶段，教师应加强听说教学，然后再逐步向读写教学过渡。

第三，英语语言知识、语言技能的形成与提高是一个循序渐进的过程。英语学习是一个螺旋式发展的过程，需要反复地循环，但这种循环并非单一的重复，而是每一次重复在难度和深度上都有所提高。此外，循环往复要求教学中要做到以旧带新，从已知到未知。因此，教师应以学生已有的语言知识和已熟悉的语言技能为出发点，传授新知识，培养新技能。

三、输入优先原则

英语教学要坚持输入优先原则。所谓输入和输出，是指学生通过听和读接触英语语言材料及通过说和写来进行表达。语言输入的量越大、质量越好，语言输出的能力就越强。可见，输入是输出的基础。

输入优先原则的主要依据是埃利斯在其著作《理解第二语言习得》一书中对外语学习中对待语言输入的三个方面特点的总结和归纳：

第一，可理解性，是对所输入语言材料的理解。

第二，趣味性和恰当性，指学习者对所输入的语言材料要感兴趣。

第三，足够的输入量。足够的输入量在英语教学中也至关重要，但目前英语教学对这一点有所忽视。

基于埃利斯对语言输入三个方面特点的总结，在英语教学中坚持输入优先原则要注意以下几个方面：

第一，注重输入内容和输入形式的多样化。输入形式可以包括声音、图像、文字等，语言题材和体裁要来源广泛、内容多样。例如，利用在日常生活中每天都会接触的文具、衣服、道路标志、电器等就可以帮助学生从潜意识中学到许多英语。

第二，教师可以通过视听、听和读等多种手段，尽可能多地让学生接触英语，多给学生可理解的语言输入。教师应该打破课内外的界限，如利用声像材料示范贴近学生日常生活和学习、适合学生的英语水平、具有时代特色的读物等，扩大学生的语言接触面，增加学生的语言输入，以有利于学生更好地学习英语。

第三，着重强调学生的理解能力，为学生提供的语言材料要切合学生的实际情况，具有可理解性与趣味性。向学生输入的材料要符合学生的现有水平，只要求学生理解，不必刻意要求学生即刻输出。从教学方法上来讲，这也坚持了先输入、后输出的原则。然而仅仅依靠语言的输入不可能掌握英语并形成综合运用英语的能力，还需要适当的口头和笔头的表达来检验和促进语言的输入。

第四，鼓励学生进行模仿。有效的模仿是模拟生活中的真实情景，注意语言结构所表达的内容。换句话说，模仿最好是让学生身临其境地使用所要模仿的语言。例如在结对练习、小组练习的时候，让学生根据实际情况使用所学习的语言，这样才能把声音和语言的意义结合起来，学生才会在课外准确运用所学语言。模仿是在优先输入语言的基础上对语言进行的有效练习和输出实践。

四、兴趣性原则

在英语教学中，教师应意识到兴趣的巨大作用，尽可能调动学生的内在动机，激发学生对英语学习的主观愿望，以获得更好的教学效果和学习效果。在英语教学中，教师可从以下几个方面入手来调动学生的学习兴趣：

第一，尊重学生的主体性，充分了解学生的特点。教师必须清楚地认识到学生是英语课堂的主体，学生通过积极主动的尝试与创造，才能获得认知和语言能力的发展，教学活动也才能达到预期效果。教师要根据学生的心理和生理特点，遵循语言学习规律，采用多种教学方式，让学生通过体验和实践进行学习，从而形成语感，提高交流能力。

第二，改变强调死记硬背、机械操练的教学方式及传统的英语测试方式。英语学习需要一定的死记硬背和机械操练的活动，但是如果太多太滥则很容易使学生降低甚至失去学习英语的兴趣。为此，教师应该以学生感兴趣的方式帮助学生获取知识，使他们在获得交际能力的同时，综合素质也得到相应提高。

第三，对教材进行深度挖掘。教师在备课过程中，应认真研究教材，挖掘教材中学生感兴趣的内容与话题，使每节课都有让学生感兴趣的内容和活动，最大限度地调动学生的积极性。

五、系统性原则

在英语教学过程中要遵循系统性原则，目的是使学生对所学内容能有比较系统、完整的概念，在各部分知识之间和新旧知识之间建立有机的联系，在消化所学内容时思路清晰而有层次。具体来说，系统性原则主要涉及以下几点：

（一）系统安排教学工作

英语教学工作的安排要有计划性，计划性要求做到以下几点：

第一，教师要有计划地备课，如一篇课文要上 8 课时，在备课时要一下子备完，不能今天上两节课就备两节课的内容。

第二，教师的讲解要逐步深入、条理清晰、前后连贯、新旧联系、突出重点，一环套一环，一课套一课，形成一个有机而系统的体系。

第三，教学的步骤和培养技能的方法应该符合学生掌握语言的过程。要根据课程的最终教学目的，由易到难，逐步提高要求。

第四，练习布置要具有计划性。要先进行训练性练习，然后再进行检查性练习。此外，练习的形式要具有体系性，相同的练习形式也要有不同的要求。

第五，布置家庭作业和讲课的重点应当密切结合。每次作业要有明确的目的，课内课外要通盘考虑。

第六，要经常检查学生掌握知识和技能的情况，每堂课要有一定的提问并做相应的记录，这可以对学生起到督促的作用。对于学生平时的成绩不能仅凭教师的印象来评定，因此平时对学生所做的口头、书面作业要有记录。

（二）系统安排教学内容

英语教学内容的安排要有严密的计划和顺序。教师应该按教科书的安排特点和班级的情况合理组织讲课的内容，确定讲课的重点。当出现一个生词时，不要急于一次把这个生词的所有意义、用法全部教给学生。当教授一条新的语法规则时，不要一次向学生交代有关这条规则的全部知识，而要将知识分步教给学生。教学内容的安排应该服从教学的系统，这样才能由浅入深，由易到难，由分散到系统。

（三）系统安排学生学习

教师要指导学生进行连贯的学习。教师在教育学生时要有恒心和耐心，经常及时地带领学生进行复习和做好功课。此外，教师还要指导学生正确处理好平时学习和期末考试的关系。必须让学生将学习重心放在平时，平时训练要从难从严。坚决反对那种平时学习不努力，期末考试“临时抱佛脚”“突击开夜车”的做法。此外，教师还要经常关心和指导学生的学习方法，并针对学生的个人特点因材施教。

第二章　英语翻转课堂教学模式分析

第一节　翻转课堂的理论基础

一、翻转课堂的教育理论基础

（一）布卢姆的掌握学习理论

1.布卢姆掌握学习理论的基本含义

布卢姆（B. S. Bloom）掌握学习理论的基本含义是给予学生足够的学习时间和个别帮助，以及注意教学的主要变量，学生就能够在掌握一个单元的学习之后顺利进入下一个单元的学习，从而达到课程目标。正如布卢姆所说："只要提供适当的先前与现时的条件，几乎所有的人都能学会一个人在世界上所能学会的东西。"掌握学习，即在"所有学生都能学好"的思想指导下，以集体教学（班级授课制）为基础，辅之以经常、及时的反馈，为学生提供其所需要的个别化帮助以及其所需要的额外学习时间，从而使大多数学生达到课程目标所规定的掌握标准。

"提供了有利的学习条件时，大多数学生在学习能力、学习速度和进一步学习的动机方面变得非常相似。"布卢姆认为，大多数学生都能够进行掌握学习。"在整个掌握学习课堂上所发生的一切与传统模式有着本质的不同。80%～85%的学生在进行下一步学习之前，都已经达到了掌握的水平，这一比例也不会随着学习任务的增多而下降。"

掌握学习要求学生能够按照自己的节奏学习课程。学生完成了一个单元的学习后，必须以 80%～100%的掌握水平证明他们自己已经学会了内容。证明学生是否已经掌握了学习内容的方法是"退出评估"——包括实验室和书面测试。倘若学生在评估中得分低于 85%，他们需要返回再次学习自己理解有偏差的学习内容，并重新进行测试。这样，学生的学习情况是由他们已经掌握的学习内容的多少来决定的。按照布卢姆的看法，在教学中注意影响学习的主要变量，就能够使绝大多数学生掌握绝大部分的学习内容。

2.掌握学习理论的核心思想和重要变量

掌握学习理论的核心思想是让每个学生都有足够多的学习时间。卡罗尔认为“一个学生的能力倾向是指其掌握一项学习任务所需要的时间量”。这句话可以概括为一个公式——卡罗尔公式：能力倾向=f（学习速度）。卡罗尔公式向我们展示了这样的理念：只要有足够多的时间，每个学生都能够掌握一项规定的学习任务。

在卡罗尔公式的基础上，布卢姆建立了他自己的学习模型：学业达成度=f（实际学习时间/需要学习时间）。布卢姆认为，有三个变量影响实际学习的时间量：机会，即允许学生学习的时间；毅力，即学生自觉自愿进行学习的时间；能力倾向，即在一般情况下，掌握某种学习任务需要花费的时间。布卢姆和卡罗尔都主张，如果有足够多的学习时间，那么绝大多数的学生都能够达到要求掌握的标准。学生自愿投入在学习上的时间受学习态度和学习兴趣的影响。教学的艺术在于让学生花费合适的时间就可以掌握学习内容。

布卢姆认为，在掌握学习过程中，应该注意把握三个重要变量，即学生的认知准备状态（学生为了完成新的学习任务需要具备的知识和技能水平）、情感准备状态（学生趋向学习的动机强度）、教学质量（教学适合学生的程度）。具体内容如下：第一，在学生的认知准备状态方面，需要关注学生进行学习之前已具备的知识和技能水平的差异；第二，学生之前的经历和学生对学习结果的期望都会影响学习任务的完成情况。学生对学习任务所持有的情感状态会决定学生为完成此项学习任务付出的努力以及克服困难、面对挫折的勇气。学生完成某一学习任务的成败经验会在很大程度上影响学生之后完成类似学习任务的结果。因此，教师应该多给予学生积极的强化，如多鼓励和表扬学生、给予学生更多展示自我的机会等。最后，教学质量涵盖教师如何提供学习线索或指导、学生参与学习的程度、教师如何强化学生学习等三个方面。

3.掌握学习理论的教学要素和教学策略

教学包含线索、参与、强化、反馈—纠正四个基本要素。

第一，学习线索是指学生需要掌握什么内容和教师需要在学习过程中做哪些具体的指导。由于学生领悟学习线索的能力存在差异，因此教师应该针对不同的学生提供不同类型的线索呈现方式。

第二，学生结合教师提供的、针对学习线索的学习提示和学习内容，做出相应的反应或者训练。也就是说，学生需要积极参与到学习活动中来。

第三，强化的类型很多，如物质奖励或者精神鼓励等。实施强化的主体可以是教师，也可以是同伴，还可以是学生自己；强化的效果也存在差异。因此，教师在教学过程中可以视具体情况而采取不同的强化方式，以达到较高的强化效果。

第四，教师能够适时根据学生的学习情况给予恰当的指导——给学生提供适合的学习线索，给予适当的练习机会，及时做出强化和反馈。这样，学生能够明了自己的学习任务，得到高效的训练强化，知晓自己学习的结果，整个学习过程始终处于一种可监控和可调节的张弛有度的状态。

掌握学习理论的教学策略分为三个步骤：说明学习需要的先决条件，制订实施的程序，评价这种策略所产生的结果。教师需要向学生清楚、详细地说明学习目标以及如何确定已经达到掌握标准。布卢姆认为，不是制定相对标准来评价学生的学习情况，而是制定一个绝对的掌握标准，促使大多数学生经过努力之后都能够达到它，这样可以促进学生的自我发展和进步。

4.翻转课堂视域下掌握英语学习理论的教育意义

首先，布卢姆的掌握学习理论有助于全体学生实现学习目标。掌握学习理论强调面向全体学生，不希望任何一个学生在学习过程中没有完成应完成的学习任务，突出了满足每个学生的学习需要。

其次，掌握学习理论关注学生的个体差异。在制订英语学习目标时，教师应充分考虑学生原本存在的个体差异。教师应为不同的学生选择不同的英语学习材料，采用不同的教学方法，给予个别化的指导和帮助。

再次，掌握学习理论对学生的心理健康也有促进作用。在掌握学习过程中，英语教师对每个学生都持有积极的态度，相信每个学生都能够学好。教师对学生的学习能力充满信心，学生也因为教师的期望而获得自信，慢慢激发起学习的内部动机，学习逐渐获得成功。在整个学习过程中，学生对学习内容产生兴趣，享受到学习的乐趣，获得学习的成就感和幸福感，学生的自我观念也获得更深层次的发展。

最后，掌握学习理论也主张学生之间的相互合作学习以及师生之间的交流。在掌握学习中，教师与学生之间的交流与讨论增多，师生情感加深；学生之间互帮互助，培养了合作精神，改善了生生关系。

（二）建构主义学习理论

1.建构主义知识观

建构主义知识观认为，知识不是对现实的纯粹、客观的反映，而是人们对客观现实的一种解释、推测或者假设；知识不是关于问题的最终结论，它会随着人们认识的深入而出现新的解释或者假设；知识是基于某一具体情境而产生的，真正的知识是学习者根据自身的生活经验和实践经历主动在头脑中积极建构的；知识所含有的意义是由个体赋予的。因此，知识具有针对性、情境性、个体性、相对性、动态性、发展性等特点。

2.建构主义学生观

建构主义学生观的主要内容包括：第一，学生是发展中的人，具有很大的发展空间和潜能；第二，学生是独特的人，拥有自己的独特想法；第三，学生是独立的人，每个学生都是独立于教师的学习个体，学习是学生自己的事情；第四，学生是具有主体性的人，具有较强的自学能力；第五，学生是时代中的人，当前学生所处的时代是知识经济和信息化时代，教育理论应考虑学生的时代特征和发展新要求。有学者认为，“学习者不是被动地接受信息，而是主动地运用已有知识、经验对新知识、新信息的意义进行建构，这意味着学习是主动的，学习者要主动地对外部信息进行选择和加工，教学应以学习者为中心。”

3.建构主义学习观

建构主义学习观认为，学习不是由教师把知识简单地传授给学生，而是由学生自己建构知识的过程。学生不是简单、被动地接受信息，而是在教师的指导和帮助下自己主动地建构知识的意义。这种建构无法由他人来代替，需要学生亲自完成。学习过程包含两个方面的建构：建构知识的意义和改组原有的经验。皮亚杰认为，儿童的发展是儿童主动建构知识意义的过程。建构主义者更加关心学习者原有的认知结构，认为学习是学习者在自己原有知识、经验的基础上对新接触材料进行重新认识，整合知识结构，主动建构自己独特的理解。知识实际上不是由他人“教会”而习得的，本质上是学习者本身在头脑中主动地形成自己对于知识的领会，建构属于自己的理解。

4.建构主义教学观

在教学观上，建构主义特别强调学习的主动性、社会性和情境性，同时也十分重视合作学习。建构主义强调的合作学习与维果茨基强调的在儿童发展中具有重要作用的社会交往在思想上具有一致性。教学要关注学生原有的知识、经验，重视学生对知识内容的个性化理解和独特思考。教学以学习者为中心，强调学习者的主体作用。建构主义者认为，教师是意义建构的帮助者和促进者，而不是知识的提供者和灌输者；学生是学习信息加工的主体，是意义建构的主动者。

（三）斯金纳的程序教学法

斯金纳根据操作性条件反射和积极强化的理论对教学进行了改革，设计了教学机器和程序教学法。斯金纳认为，学习过程是一种循序渐进的过程，在学生学习过程中，适时恰当地给予学生强化，会促进学生学习。

1.程序教学法的基本含义

程序教学法是指依靠教学机器和程序教材呈现学习程序，包括问题的显示、学生的反应和将反应的正误情况反馈给学生等过程，它是使学生进行个别学习的方法。该方法的基本思想是把学生掌握知识、技能的过程程序化，使学生按程序进行独立的、个性化的学习。在整个学习过程中，教师的作用是充当监督者或者中间人的角色，根据学生学习反应的速度、效率、效果等给予相应的反应，即时强化学生的积极学习行为，使得学生的学习效果能够得到及时的反馈，这样能够加强学生的学习动力。

2.程序教学法的五大原则

斯金纳的程序教学法包含五个原则：小步子原则、积极反应原则、即时强化原则、自定步调原则和低错误率原则。

第一，小步子原则，即循序渐进原则。将学习内容分割成许多小的学习单位，这些学习单位是相互联系、难度逐级增加的学习内容。这样，学生面对的就是一个个难度较小的学习任务，而不是一个很大很难理解的知识网络。每一个学习单位对于学生来说，通过努力都能够逐步掌握。这样，学生的学习积极性会得到提高。

第二，积极反应原则。教师即时给予学生相应的学习反馈和指导，学生拥有更多的回答问题、交流互动的机会，不再像传统教学模式下那样教师单纯地讲授，学生只是听讲、做笔记，师生之间缺乏必要的交流与反馈。

第三，即时强化原则。斯金纳把他创立的操作性条件反射理论和强化理论应用于学习，强调了强化的作用，在斯金纳看来，学生的行为受行为结果的影响。如果想让学生做出预期的行为反应，那就必须在行为之后进行强化，若是一种行为得不到强化，它就会消失。教师的奖励和肯定会在一定程度上调动学生的学习积极性。强化与学习行为之间的间隔时间不宜过长，否则强化效果将会大大减弱。

第四，自定步调原则。学生按照自己的学习效率和能力水平来合理安排自己的学习进度。

第五，低错误率原则。在教学中应由浅入深，由已知到未知，使学生尽可能做出正确反应，将学习的错误率降到最低限度，提高学习效率。

学生自己制订学习计划，在学习每一个小的学习单位时，都能够基本掌握学习内容。因此，学生学会了正确的东西，得到了来自教师的积极强化，从而保持较高的学习兴趣和较强的学习积极性。久而久之，就会激发出学生学习的内在动力和潜能，使学生热爱学习。

二、翻转课堂的心理学理论基础

（一）维果茨基的最近发展区理论

除了掌握学习理论和建构主义学习理论外，最近发展区理论也是翻转课堂的重要理论基础。学生在家自主观看视频进行学习，并不是所有内容都能看懂，把看不懂的记下来，教师在课堂上可以进行集中讲解，这种讲解在学生的最近发展区内，能够有效地促进学生向着潜在的发展水平发展。

1.学生的发展有两种水平

学生的发展有两种水平：一种是学生现在已有的发展水平，另一种是学生可能达到的发展水平。这两种水平之间的差距就是最近发展区。按照维果茨基的解释，最近发展区是指学生的实际发展水平与潜在发展水平之间的差距。前者由学生独立解决问题的能力而定；后者则是指在教师或家长的指导下，或是与能力较强的同伴合作时，学生表现出来的解决问题的能力。最近发展区阐明了学生在近期内将有可能达到的发展水平，包含着学生的发展潜能，表明了学生发展的方向和趋势。

维果茨基认为，教学应该着眼于学生的最近发展区，这样可以发挥教学的积极作用。教师应该为学生提供带有一定难度的学习内容，以调动学生的学习积极性，发掘其内在潜能，促使其超越自己的最近发展区而达到难度较高的发展水平，然后在此基础上进行下一个发展区的发展。

2.最近发展区理论的三层基本含义

最近发展区理论的第一层基本含义是，教学对发展起着积极促进的作用。维果茨基认为，良好的教学应该走在学生发展的前面。维果茨基的最近发展区理论能够指导学生向更高一级的水平发展，有效促进学生的发展，让学生能够“跳一跳，摘桃子”。教学的目的是促使学生的最近发展区转化为学生的现有发展区，由“不能”变为“能”，由“可能”变为“现实”，即立足于学生现有发展水平并突破其限制，循序渐进地推动学生向更高层次发展，追求学生自身发展的最大可能性。

最近发展区理论的第二层基本含义是，学生是自身发展的主体，学生需要在社会交往中才能获得发展。学生是一个独立的社会存在，对自身发展起着主要作用，拥有自我发展的主动权。学生应勇于承担自己的发展责任。同时，在社会交往互动中，学生拥有与成人同样的平等地位，能够独立自主地表达自己的思想和情感。我们应该给予学生表达自我、展示自我的机会，鼓励其积极主动追求发展，并为其提供平等对话的社会环境，使二者形成合力，促进学生发展。

最近发展区理论的第三层基本含义是，揭示了教学促进学生发展的条件、途径与机制。首先，教学促进学生发展的条件是教学必须走在学生发展的前面。教师要为学生提供较高层次的、较高难度的学习内容和学习指导。其次，要想通过教学促使学生发展得到真正的实现，需要教师在合作式解决问题的过程中帮助学生搭建最近发展区，并为学生提供恰当的支持，以帮助学生成功跨越最近发展区。简而言之，在英语教学中，教师应帮助学生不断地创造和超越最近发展区。学生能否跨越最近发展区，往往取决于教师的帮助和支持是否恰当，以及教师和学生之间交流互动的质量高低。

3.最近发展区理论在英语教学中的应用

维果茨基的社会文化理论提出了一个重要的概念——“搭建脚手架”。“搭建脚手架”，即围绕当前的学习主题，按照学生最近发展区的要求，把复杂的学习任务加以分解，建立概念框架。教师一方面要为学生提供促进其发展的、富有挑战性的学习任务（问题情境），推进学生向更高的智力水平发展；另一方面还要在恰当的时机以适宜的方式和方法为学生提供解决这些学习任务的帮助和平台，促使学生发现自身存在的不足，激发出学生解决问题的能力。

第一，建立新型的因材施教观。原有的因材施教观是根据学生现有的发展水平和实际情况，给予学生相应的差异化教育。维果茨基的最近发展区理论要求我们不能仅仅局限于关注学生现有的发展水平，还应该为学生提供一个经过努力就可达到的发展水平，推动学生向前发展，超越目前自身已有的发展水平。也就是说，新型的因材施教观既要立足于学生现有发展水平的基础之上，又要为学生创设经过努力可以达到的发展水平，不再局限于学生已有的发展水平，而是追求学生发展的各种可能性。因此，在实际教学活动中，教育者不仅应该明了学生现有的发展水平，而且需要掌握学生的潜在发展水平，并能够根据学生现有的发展水平与可能达到的潜在发展水平，寻找其最近发展区，把握“教学最佳期”，以引导学生向着潜在的最高水平发展。

第二，鼓励学生在解决问题的过程中学习。在维果茨基看来，学生在真实的问题解决情境中进行学习能更有效地掌握知识和技能，教学应该为学生提供问题情境，给予学生更多思考问题、解决问题的机会。学生在解决问题的过程中成为学习的真正主人，好奇心得到激发，积极性得到调动，并且学会思考，学会探索，学会自我学习，学会通过解决问题来建构知识。美国知名教育心理学家加涅（R. M. Gagné）在学习分类中认为，问题解决是最高级的学习活动。

第三，重视交往在教学中的作用。维果茨基的社会文化历史理论提出，儿童在与社会环境（包括成人和同伴）的相互交往中获得社会生存所需要的高级心理智能。建构主义教学流派认为，教学的过程实际上是一种交往的过程。交往双方通过信息的交换和意见的沟通，能够彼此获得提升。德国著名哲学家雅斯贝尔斯（K. T. Jaspers）认为，在谈话中形成真正的交往，同时交往需要双方彼此的理解。在教学中，师生之间、生生之间通过相互交往、互动、交流、沟通共同完成学习目标。师生之间、生生之间的思想摩擦、碰撞，有助于师生的共同成长与提高。只有在交往中，学生才能感受到自己存在的现实性和知识的真实性。总之，教育的目的必须要通过师生、生生之间的交往实践得以实现。与行为主义者不同的是，维果茨基认为，教学不是单纯的外在知识灌输与被动接受，而是学生积极主动转化吸收知识的过程。

因此，教学需要重视学生的主动性和发展的独特性，关注学生发展的心理需求，注意学生心理发展所需要的中介。学生在交往过程中，能够发现自我，增强主体性，学会与他人交流沟通，学会与他人相处共事，有利于其健康完整的人格的塑造。当前我国开展的素质教育改革非常重视交往在教学中的重要作用。

4.最近发展区理论在翻转课堂中的重要体现

翻转课堂实施的目的在于促使学生真正实现个性化学习，发掘学生的潜能和创新能力。翻转课堂专注于学生的个性化发展，注重基于最近发展区理论的新型因材施教观。最近发展区理论着眼于发现学生的最近发展区，帮助学生跨越最近发展区向具有可能性的更高水平发展。除此之外，与传统课堂相比，翻转课堂更加关注每个学生的现有发展水平，制订符合每个学生自身实际情况的学习方案。翻转课堂注重学生问题意识的培养，让学生学会自主学习，学会发现问题，善于提出问题，体验“发现问题—分析问题—解决问题”的思维过程，锻炼逻辑思维，提升思维品质。翻转课堂也非常关注学生社会交往能力和自我表达能力的提升。可以说，最近发展区理论强调的教育思想和理念在翻转课堂中得到了充分的体现。

（二）皮亚杰的相互作用理论

皮亚杰的相互作用理论认为，先天的平衡过程是发展的最高原则。平衡过程保证了“同化”和“顺应”之间相对平衡的状态，使发展具有连续性，使成熟因素和经验及社会影响有机地结合在一起，使个体以确定的步伐和顺序向着更高水平的平衡状态发展。

“同化”原本是一个生物学概念，指生物体把从外界环境中获取的营养物质转变成自身的组成物质，并且储存能量的变化过程，皮亚杰把这一名词借鉴到心理学中，用于描述“把外界元素整合到一个正在形成或已经形成的结构中”。“顺应”是指“同化性的图式或结构受到它所同化的元素的影响而发生的改变”，也就是改变主体动作以适应客观变化，也可以说改变认知结构以处理新的信息。顺应与同化是相伴而生的，当个体不能用原有图式来同化新的刺激时，个体便要对原有图式加以修改或重建，以适应环境，这就是顺应的过程。

在本质上，“同化”指个体对环境的作用，“顺应”指环境对个体的作用。“同化”是认知结构数量的扩充（图式扩充），而“顺应”则是认知结构性质的改变（图式改变）。认知个体就是通过“同化”与“顺应”这两种形式来达到与周围环境的平衡的，当认知个体用现有图式去“同化”新信息时，他就处于一种平衡的认知状态；当现有图式不能“同化”新信息时，平衡即被破坏，而修改或创造新图式（即“顺应”）的过程就是寻找新的平衡的过程。个体的认知结构就是通过“同化”与“顺应”过程逐步建构起来的，这是皮亚杰建构主义认识论的基本观点。

翻转课堂试图以皮亚杰的相互作用理论为根基，以学生已有的知识水平（即已有的认知结构）为教学前提，通过向学生提供合适的新的学习材料（如导学案和微课），使学生体验到一种平衡或不平衡的学习状态；学生为了学习新知识需要改变自己已有的认知结构（即需要“同化”和“顺应”），尽力达到学习目标（即获得认知结构上的平衡）。

（三）奥苏贝尔的认知同化学习理论

美国认知教育心理学家奥苏贝尔（D. P. Ausubel）创设了“有意义学习理论”，这一学习迁移理论建立在他的认知同化学习理论的基础上。“同化”指新旧知识的相互作用。“同化”最初由皮亚杰提出，奥苏贝尔赋予“同化”概念新的内涵，认为学生能否获得新知识，主要取决于学生个体的认知结构中是否已有了有关的概念。奥苏贝尔强调影响学生学习的首要因素是已有的知识。他的《教育心理学：一种认知观》一书中有这样一句话体现了他的核心思想：“如果要我只用一句话说明教育心理学的要义，我认为影响学生学习的首要因素，是他的先备知识；研究并了解学生学习新知识之前具有的先备知识，进而配合设计教学，以产生有效的学习，就是教育心理学的任务。”

奥苏贝尔认为，认知结构中影响新知识获得和保持的因素主要有三个：认知结构中对新知识起固定作用的旧知识的可利用性，新知识与旧知识之间的可辨别性，认知结构中旧知识的稳定性和清晰性。认知结构中的这三个因素称为认知结构的三个变量。这三个变量影响着新知识的获得和保持，同时也影响着知识学习的迁移。奥苏贝尔认为：“有意义学习的心理机制是同化，而同化理论的核心是学生能否习得新信息，主要取决于他们认知结构中已有的有关概念；有意义学习是通过新信息与学生认知结构中已有的有关概念的相互作用才得以发生的。这种相互作用的结果，导致了新旧知识意义的同化。”总之，我们可以看出奥苏贝尔非常重视学生已有的认知结构。

为了促使学生更好地进行有效的学习迁移，根据认知同化学习理论，奥苏贝尔提出了“先行组织者”（先行材料）这一概念。“先行组织者”就是在向学生传授新知识之前，给学生呈现一个短暂的、具有概括性和引导性的说明。

根据奥苏贝尔的学习迁移理论，在翻转课堂的实施中，应力图把握学生已有的知识结构，为学生提供具有引导性的导学案和教学视频，以促进学生搭建起新知识与旧知识之间的内在联系，重新建构新一级的知识结构。为学生提供的具有引导性的导学案和教学视频，在一定程度上起到了“先行组织者”的作用，能够促使学生理解已有知识和新知识之间存在的内在关联，从而进行有意义学习和高效学习。

第二节　翻转课堂与传统课堂的碰撞和对接

英语教学改革已在全国范围内全面实施，尤其是素质教育的全面深入推进，要求：进一步培养学生的科学素养，满足全体学生的终身发展需要，在课程实施中注重学生的自主学习，在教学方法上提倡多样化。可见，英语教学改革对教师提出了更高的要求和期望。这就要求英语教师改变教育观念，改进教学方法，转变角色，促使学生由被动学习转变为主动学习。

一、翻转课堂与传统课堂的教育理念碰撞

（一）翻转课堂应摆脱“应试教育”的枷锁

众所周知，在教学改革要求下，传统的教学方式已经无法适应当今课堂。教学改革要求学生学会自主预习、自主探究、自主总结，同时形成良好的学习习惯和思维习惯；要在教师的指导下具备自主探究的能力，以及体验对科学概念和科学规律的探究过程；要在具体的学习中培养实事求是的求知态度，认识到实验是检验科学真理的方法，学好科学文化知识，具备将来为祖国做贡献的崇高理想。而现实情况是，在英语课堂教学中，相当多的英语教师还是以讲授为主，满堂灌地传授知识，没有充分顾及所有学生的感受和接受能力，使得学生的主体地位缺失。

大学英语教学改革所要求的内容很多不能体现在实际的英语课堂教学中，教师的教学思想还是没有得到根本的转变。许多学生家长过分看重学生的考试成绩，忽视了学生综合素质和能力的培养，于是各种英语考试成了教学的“指挥棒”。这种情况导致学校和教师顾不得考虑学生的全方面发展和终身发展，而是一味地追求四、六级等考试通过率，造成英语课堂教学仍以知识传授为重，教学机械化，搞“疲劳战术”和“题海战术”，使得学生的知识质疑能力和科学探究能力、学习习惯和解决问题的习惯等方面存在很大的缺陷。

因此，如果不改变这些传统教学观念和方式，包括翻转课堂在内的任何形式的高效课堂都难以进行到底，教学改革的目标就难以达到。

（二）翻转课堂要求革除传统教育观念与英语教学方法上存在的弊端

由于长期受应试教育的影响，很多教师在教育观念、教学方法上均存在着一些弊端，这不仅不利于教师的专业能力提升和长远发展，而且阻碍了学生的全面、健康发展。这些弊端主要表现在以下几个方面：

首先，教师把教学作为达到教育目的的主要手段，教学成为一个控制的过程，成为知识传递的工具，教师只关心达成教育目的的手段的选择，而忽视了对目的本身及教育本质的追问。

其次，教师把教学看作教师的“教”与学生的“学”的简单拼合。教师所谓的“教”只不过是把书本上的既定知识传授给学生，是信息的单向传递；学生的“学”只不过是单纯地接受教师讲解的知识，学生成为被动接受知识的“容器”。

最后，传统教学忽视了学生鲜活的体验，忽视了学生的自主性和能动性，缺乏学生之间的交流与互动。这样，课堂教学就受到了严重影响，教师往往把复杂的教育活动简化为“教书”，似乎把书本上的知识传授给学生就是教育的真谛。

基于此，在相当多的传统教学模式下的学校中，依然流行着死记硬背的学习方法和机械灌输的教学方式，阻碍了学生人格的健全发展，使学生成了应试的机器。这样的教育已经与教育最初的目的相背离了。

翻转课堂这种新兴的教学模式，首先要求教师改变原来的教育观念。教师是否愿意改变、能否改变，是必须解决的关键问题。这种教学模式还要求教师具有一定的信息技术素养，这样才能录制微课、编辑视频等，如果想要做得更好，还需要做专题网站、开通个人公众号等，这无疑要求英语教师具有更高的信息技术能力。英语翻转课堂对教师的综合素质要求很高，教师要以海纳百川的胸襟进行自我充实，要有足够的经验和气场把控课堂的节奏，调节课程的进度，要有足够宽阔的视野来引导学生探索更广阔的世界。

二、翻转课堂与传统课堂的对接

（一）学校作息时间安排问题

英语翻转课堂教学模式需要学生在课后花费较多的时间自主学习，也需要学校在教学时间的安排上做出适当调整对此予以支持。在翻转课堂教学中，教师不应占用学生过多的课余时间，应该让学生有充足的时间自主学习。教师要严格控制作业量，留给学生课后的主要学习任务应是观看教学视频和完成具有针对性的练习。

（二）学科的适用性问题

目前国外开展翻转课堂教学实验的学科多为理科类。理科类课程知识点明确，很多教学内容只需要清楚地讲授一个概念、一个公式或一道例题、一个实验等，便于翻转课堂的实施。文科类课程（如英语、历史、语文等）的授课过程往往会涉及多学科的内容，而且需要教师与学生进行思想上的交流、情感上的沟通，这样才能起到良好的教学效果。解决如何在英语教学中应用翻转课堂模式这个问题，是对英语教师的一个巨大挑战，需要教师提高教学视频的质量，引发学生的深度思考。通过英语教学视频概括课程中所讲授的基本知识点，阐述相关理论，让学生在课后查阅资料并思考问题，然后在课堂中与教师、同学进行交流探讨，逐步深化理解。

因此，对于不同的学科，教师应该采取不同的策略来完成翻转课堂教学，并根据学生的反馈情况推进教学改革。

（三）教学过程中信息技术的支持

英语翻转课堂的实施需要信息技术的支持。从教师制作教学视频、学生在课下观看教学视频，到个性化与协作化学习环境的构建，都需要计算机信息技术的支持。

网络宽带和网络速度问题是制约我国众多学校开展在线教学的因素之一。在实施翻转课堂教学时，学校要通过各种途径解决这一问题，如配置高性能服务器，增大网络带宽的接入量，有条件的学校要实现校园 Wi-Fi 无死角覆盖等。学生在课后是需要通过电脑和网络进行学习的，对于一些缺乏硬件条件的学生，学校应该提供相应的设备支持，如学校机房应在课外时间仍对学生开放，让学生在校园内随时可以进行网络学习。

教学视频制作的质量对学生的课后学习效果有着重要的影响。从前期的拍摄到后期的剪辑都需要有专业人士的技术支持，不同学科的视频设计也应有不同的风格。实施翻转课堂教学的学校需要给授课教师提供技术上的支持，并且从视频的设计到制作再到发布要形成流程，为后续教学视频的制作提供经验。

此外，师生、生生之间的交流程度也是决定翻转课堂成功与否一个重要因素。利用信息技术为学生构建个性化与协作化的学习环境至关重要，其中涉及网络教学平台的支持。通过平台，学生可以根据自己的学习能力和需求制订学习计划，教师可以根据学生的反馈设计不同的教学策略。

（四）对教师专业能力的挑战

在翻转课堂的实施过程中，教学视频录制的质量、对学生交流讨论与合作学习的指导、课前学习任务的设计、学习时间的安排、课堂活动的设计和组织等，这些需要教师来完成的事情都对学生的学习效果有着重要的影响。因此，要加强对教师在这些方面上的培训。首先是促进教师教育观念的转变和教学理论水平的提升，提高教师的教学研究能力，从而促使教师能够在教学中贯彻以学生为中心的教育理念，关注学生的个体差异，给予学生个性化指导。其次是加强对教师信息技术素质的培训，使教师在视频录制技术人员的帮助下，能够录制情感丰富、生动活泼的教学视频，避免呆板、单调的讲述。教师在网络教学平台中要引导学生积极地进行交流，通过基于问题、项目的探究式学习，调动学生的积极性、探究性。课堂活动也需要教师根据学科特点来设计与组织。

（五）对学生的自主学习能力和信息素养的要求提高

学生在课外观看教学视频后，需要自己完成课前练习并在互联网上查找资料，总结问题，然后在课堂中与教师、同学进行讨论。这一切安排都是建立在学生具有良好的自主学习能力和信息素养的基础上的。学生只有具备较高的自主学习能力，才能够自己通过教学视频进行课程内容的学习，在课前练习中找出自己的疑问，并合理地安排自己的学习时间。学生只有具备较高的信息素养，才能够在网络中进行资源检索，通过网络教学平台与教师和同学进行沟通交流。因此，在实施翻转课堂的过程中，要注重学生的自主学习能力的培养和信息素养的提升。此外，学生如何有效阅读教材，如何观看微课，如何记笔记、做标注、进行反思，如何进行小组合作学习，如何与同伴交流讨论等都需要进行相应的培训和指导。

（六）教学评价方式的改变

用传统的笔试是无法测试出学生在翻转课堂中的学习效果的，因为翻转课堂还涉及学生的合作能力、组织能力、个人时间管理能力、表达能力等。教师必须转变评价方式，构建新的评价体系。在对学生的评价中，应多对学生进行过程性和发展性的评价，注重对学生的情感、态度和价值观等方面的评价。当然，评价方式的改变需要学校政策上的支持。

三、翻转课堂中教师角色的转变

如果用一句话来描述翻转课堂中教师角色的变化，那就是从“站在学生和知识之间”到“走到学生旁边”。在传统的课堂上，教师站在学生和知识的中间，是知识的传递者。而在翻转课堂模式下，学生直接学习知识，教师是学生学习知识的帮助者。英语翻转课堂的模式，强调的是学生自己直接学习知识，遇到不懂或不明白的地方再来问教师或者同伴，如此彰显学生在知识学习中的主体地位和主动性。

在传统的英语课堂上，教师对着学生讲授知识，学生课后独立完成作业，这种教学形式背后的假设就是教师是知识的传递者和讲授者，学生需要在教师讲解的过程中才能学到知识。教师的讲授是最为重要的，学生的作业是为了复习与巩固教师在课堂中讲授的知识，课堂教学需要以教师的“教”为主。相对于传统课堂内听讲的过程，学生做作业的过程，是在教师指导下被动学习过程的延续，是为巩固课堂学习而采取的辅助性的教学活动。

从事翻转课堂研究的先驱亚伦·萨姆斯（A. Sams）和乔纳森·伯格曼（J. Bergmann）发现了一个独特的现象，即学生在学习知识的过程中最需要教师的时候，并不是课堂内教师讲解知识的时候（听知识的讲解可以有很多渠道），而是学生做作业遇到难题和困惑的时候。这一发现，是有可能颠覆传统的教育模式的。

做作业的过程是学生主动吸收和内化知识的过程，在这个过程中，学生会暴露出各种各样的个性化问题。因而，这是发现学生个性化学习问题和需要给予学生个性化指导的重要时机。如果学生的作业是在家里完成的，那么遇到困难时只好求助家长或同学，但并不是所有的学生都是在互相帮助下完成学习任务的。

在传统的教学模式下，学生在完成作业的过程中，是比较难以得到教师个性化帮助和支持的。英语翻转课堂则有利于实现这一目标，即教师对学生学习的个性化指导。

英语翻转课堂突出强调学生自己对其学习过程和结果负责，学生是学习的主体。学习是学生自己的事情，只有当学生积极从事学习活动时，真正的学习才会发生。视频录制时，需要教师采用一对一的方式给学生讲解知识；课堂内，教师不再是知识传递者，也不是发号施令者，而是基于课程标准和学生学习实际情况，对未达标的学生给予帮助，保障其学习达到要求的指导者。对于要求学得更多更好的学生，教师应提供相应材料，提出更深层次的问题，并且当他们在探究过程中遇到困难时，要进行必要的指导。

四、翻转课堂的主要任务

（一）巩固强化

在我国基础教育阶段，知识学习的达标是学生学习的重要任务。学生通过视频学习解决的主要是知识的接受和理解问题。如果在视频学习阶段，学生没有掌握相关知识点，那么在翻转课堂内，教师的首要任务就是帮助学生理解相关知识，并进行相应的巩固和强化。当前在不少学校内，发放学习任务单或导学案是帮助学生理解和巩固知识的重要举措。在学习任务单上，会明确列出学习目标、学习线索和作业题等。学生看视频时参照学习任务单，看完视频后需完成学习任务单上列出的作业题，这些作业题有的是选择题，但更多的是批判性思考题，批判性思考题是不便于网上直接用程序来批改的作业类型。上课前，为了解学生学习的情况，教师需要检查学生学习任务单上作业的完成情况，以此决定课堂上巩固强化的时间比例。以往，实时了解学生的学习情况是一项非常困难的任务，而如今，在大数据分析技术的支持下，这已不是难事。

（二）系统梳理

因为微视频学习的知识相对较为零散，是碎片化的知识，为了让学生形成系统的知识体系，课堂上，教师需要和学生一起通过回顾的方式，对碎片化的知识进行整理，构建一定的知识体系，帮助学生掌握学科（或单元）的全貌。尤其在进行了一个单元的微视频学习后，教师要帮助学生一起整理本单元的知识图谱或知识树，这是系统整理知识的重要表现。在深刻理解每个知识点内涵的基础上，让学生明确各个知识点之间的相互关系，以及每个知识点在知识图谱中的地位，有助于学生整体把握知识概貌，在自己的头脑中构建起相应的知识结构和脉络，内化所学知识。

（三）拓展加深

对于学有余力的学生，教师需要在课堂上为其准备有深度的学习内容和问题，满足其进一步探索新知的需求。根据国外的实践经验，为学有余力的学生进行拓展加深，最好是将这些学生分到一个学习小组内，或者是将这些学生分到一个教室内，进行有针对性的辅导。所以，翻转课堂需要和“实时走班”或“及时分组”等教学形式结合起来。

（四）探究创新

探究创新的意识和能力对于学生学习和发展的重要性不言而喻，尤其是在面向不确定的未来社会时，学生的探究创造能力越来越重要。然而，无论是新的项目探究，还是模拟已有的科学推理过程，探究的过程都需要时间。在一些传统的英语课堂上，因为教师讲解知识需要占用相当多的时间，学生的巩固练习也是在课堂内完成的，所以探究活动往往因“时间不允许”被搁置。

在英语翻转课堂内，学生因事先学习了知识，课堂上就有较多的时间用于探究活动。基于特定的问题或任务，无论是师生、生生之间交流研讨，还是小组合作完成，都是探究和创造的重要体现。在教师引导下，学生可从事不同的学习活动，课堂氛围比较活跃。这样的英语课堂，初看会感觉有些乱，不像以往的课堂秩序井然。但是，课堂上只要学生在从事真正的、积极的学习，只要学生在课堂结束前能够掌握所学内容，就是成功的课堂。这看起来有点乱的课堂，恰恰是课堂内充满活力的一种表现，是学生真正学习的一种表现。

第三节 慕课视域下的英语翻转课堂实践模式探索

一、大学英语 O2O 教学模式的构建基础

经济的全球化和社会生活的信息化，使英语成为最重要的信息载体之一。然而，虽然英语扮演着如此重要的角色，但高校英语教学的日常现状却不容乐观，相当一部分大学生英语基础薄弱，对英语缺乏兴趣，而传统的“3P”英语教学模式导致大部分学生被动学习乃至厌学。英语教师的教学任务繁重，人均每周 12～20 节课，与学生只是在课堂见面，疏于管理与交流。长此以往，英语教学质量将会越来越差。苏格拉底曾说过：“教育不是灌输，而是点燃火焰。”因此，尽力培养大学生的自主学习能力是解决这些问题的根本途径。若能开发一种新型的英语教学模式，充分发挥英语教师的主导作用，把建构主义学习理论运用到大学英语教学实践之中，突出大学生的中心地位和主体性，培养其英语自主学习能力，便可帮助大学生掌握必要的英语语言知识，为其未来的可持续发展及终身学习奠定基础，点燃其英语学习的信心之火。

目前慕课（MOOC）多应用于高等教育体系，它的发展标志着优质教育资源共享时代的到来，为大学英语教学改革和教育管理提供了千载难逢的良机，而翻转课堂是直接讲授与建构主义学习理论的混合体，多用于基础教育领域，若能找到契合点使二者相结合，则可相互促进。若能凭借 MOOC 先进的学习平台、优质的课程内容和新型的评价方式，便可尝试将翻转课堂模式推广至高等教育领域。基于 MOOC 的翻转课堂有利于提高学习资源的利用率，在宏观上节约英语教师的时间与精力，达到最优的教学效果。

（一）现存的问题

成功构建 MOOC 环境下的大学英语 O2O（Online To Office，线上到线下）教学模式，必须摆脱传统教育体制的桎梏并跨越视频课件制作的高门槛，因此需要在建构主义学习理论的指导下解决下列问题：

1.MOOC 课程的学分认定

数据统计结果显示：在国内，能够 100%完成一门 MOOC 课程，并拿到课程证书的人仅有 5%，大多数人中途就放弃了；而在全世界范围内，以 Coursera 平台为例，其课程的完成率也仅有 10%左右，超低的坚持率让 MOOC 的发展遇到瓶颈。我国的教育历来看重学历、注重成绩，轻视学习过程，这是 MOOC 环境下大学英语 O2O 教学模式的最大障碍。因此，必须在 O2O 教学模式与传统教学模式中间找到一个较好的契合点，将 MOOC 学习与学分结合，与学历挂钩，这是构建基于 MOOC 的大学英语 O2O 教学模式更有效的一条路径。

2.配套技术研究

在这个信息化引领教育现代化的时代，利用计算机技术开展微课程设计已成为教师的必备技能。课件制作是其中的一个“高门槛”，课件的优劣直接决定了基于 MOOC 的大学英语 O2O 教学模式实施效果的好坏。在中国传统教育制度的制约下，大学英语 O2O 教学模式面临着诸多挑战：教育者观念保守以及专业能力有限，学习者自主学习能力低下，缺乏合理的评价机制，缺乏高质量的课程视频等，亟待更多的经费支持和信息技术支持，必须经历更长时间的教学实验和研究。只有拿出更多的成功案例，才能证明在 MOOC 环境下的大学英语 O2O 教学模式大范围推广的可行性。

（二）大学英语 O2O 教学模式的优势

1.有利于学习者知识的建构与内化

建构主义理论强调：知识是学习者通过意义建构的方式获得，而非教师传授获得的。大学英语 O2O 教学模式通过 MOOC 平台，将英语知识传递放在课前完成，课内主要开展师生互动和生生协作等教学活动。英语教师应把课堂的舞台交予学生，扮演指导者和协调者的角色，力求更好地体现学生的主体地位，充分调动学生的主观能动性，激发其学习的活力，促使学生能更好地完成知识的建构和内化。

2.有利于实现分层次教学

大学生入校时英语水平参差不齐，根据认知负荷理论，传统的英语课堂选取统一的教学内容，采用相同的教学组织，导致部分学生认知负荷过低，从而浪费教学时间，但部分学生却因认知负荷过高而阻碍了他们的学习。因此在大学英语 O2O 教学模式中，要为大学生提供层次不同的 MOOC 视频和学习资源，学生可根据自身的基础，灵活安排学习时间，选择学习资源，不需要担心是否影响他人的学习进程，并可反复观摩课程视频而不必担忧知识重难点的遗漏，实现真正的个性化学习与分层教育。

3.有利于学习者对学习的掌控

布卢姆的掌握学习理论认为：只要提供最适合的教学模式并予以充足的学习时间，所有学习者都能学好。因此在大学英语 O2O 教学模式中，要为大学生创造一个舒适的信息化的自主学习环境，使得学生不需要像在传统英语课堂上那样神经紧绷地听讲，从而摆脱传统教学模式中教学进度的困扰，使英语学习不再受时空限制，使得大学生可按自己的节奏学习，直至掌握所要求的知识。

二、大学英语 O2O 教学平台模块及功能描述

（一）大学英语 O2O 教学平台模块

基于 MOOC 的大学英语 O2O 教学平台是学生提高学习自主性、获取训练反馈、实现自我提升的一个重要平台。由于“教育技术学把教育过程中的‘信息-人-机器’看成了一个整体，运用系统方法对教与学的全过程进行设计、开发、管理与评价”，该平台必须被设计成一个封闭、可循环提升的自主训练执行系统平台，必须具备实施教学、提供资源及监控和评价功能。它包含自主学习系统、资源管理系统、教学管理系统、评价反馈系统和等级认证系统，这五个系统形成一个闭合循环的大学英语教学平台，大学生可以依托该平台进行自主学习，实现英语听、说、读、写、译等五项技能的自我认证。

（二）大学英语 O2O 教学平台模块功能

大学英语 O2O 教学平台模块功能如图 2-1 所示。

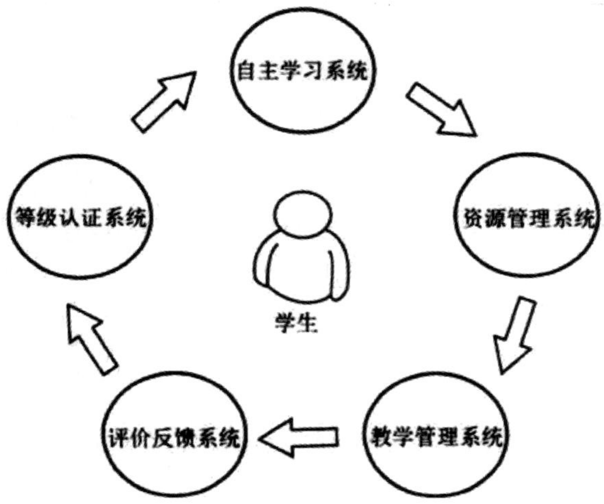

图 2-1　大学英语 O2O 教学平台模块功能

1.自主学习系统

该系统分为选课和自学两部分。系统包含各项英语技能教学视频，重点展示单项英语技能的知识重点和应用技巧。大学生可根据自己的具体情况，选择自己最需要的听、说、读、写、译单项知识技能进行学习，可以自己决定进度，无须按传统英语教师的授课计划顺序来学习。

2.资源管理系统

该系统是课程管理系统。平台上提供各项英语技能资源，如将大学英语精品课程的听、说和语法部分按照难易程度进行视频拍摄或者采集名家视频，并导入平台，大学生可根据需要自选与选课系统中对应的课程内容进行学习。平台可鼓励拓展学习，链接其他教学资源。

3.教学管理系统

该系统具有监控功能，可记录大学生登录平台后的所有操作过程；具备导航功能，引导学生做下一步的测试和选择；要求学生在线学习，可根据教师后台设定的参考答案进行机器评分，学生查阅或使用平台所提供的资源可加分。教学管理系统旨在促进大学生的学习主动性，根据在线记录的实际情况给学生分值，在线时间长短、是否阅读平台资源、是否完成课堂随测等在线行为都可以作为奖励依据，大学生可根据分值通过教师设定的比率换算成期末总成绩从而获得学分，此过程报告可称为过程评价。

4.评价反馈系统

该系统主要是为了方便大学生对自我的学习活动进行监控、调节、激励和强化。主要包括以下功能：第一是课堂随测。学生每看完一个课程教学的短视频，系统就弹出课堂随测题，重点考查大学生对重点和难点的理解，结果可生成成绩单。第二是过程反馈。系统可生成大学生所有在线学习过程及在线时长报告单，如看了哪门课程视频，进行过哪些阅读，访问过哪种教学资源，是否做过测试，等等。第三是过关测试。过关测试指在完成一项英语技能的学习后进行的一次整体测试，主要以在线笔试为主，考查大学生是否具备进入更高阶段学习的条件。可使用选择题或判断题，利于机器及时打分、出成绩。此项可称为单元测试，可生成单元测试报告。

5.等级认证系统

为了拓展学习，给大学生一个明确自己英语技能水平高低的依据，可将各级英语标准化考试的真题或模拟题试卷导入认证系统，并按听、说、读、写、译等模块分类设置，使学生既可以选择单项技能认证，也可以进行综合技能认证。因此，设计一套行之有效的技能认证系统是首要任务。本系统中应将大学英语四、六级考试及高等学校英语应用能力 A、B 级考试的考查点作为认证系统的一个重要组成部分，细化考核知识点，规范考核评价标准，形成英语技能认证报告。

综上所述，大学英语 O2O 教学平台是一个闭合的循环系统，按照“自主选课学习→使用教学资源→了解学习监控过程→获得评价反馈→进行英语等级认证”的顺序进行学习认证，获得单项认证后又重新按顺序开始新一轮的学习认证，符合螺旋上升的学习认知规律。

在平台上，学生可通过自主选择课程，在线提交各种学习过程报告来申请获得学分。上述提到的成绩单、过程评价、在线时长报告单和单元测试报告都要在线提供给后台，由英语教师进行综合评定。这四种评价报告主要是形成性评价，有利于激活大学生把控学习过程的能力，激发他们逐步实现目标，获得成就感，只有这样，才能避免单纯 MOOC 模式中报名学习的人多而坚持学习的人少的现象。形成性评价与总结性评价的结合是比较合理的方式，因此在大学英语 O2O 教学平台的评价系统中，大学生的总结性评价表现为在线上传的学生口语演讲或对话视频，每位学生自己拍摄上传的口语视频与四项形成性评价报告经由在线答疑教师考核后可以获得该门课程的 2/3 学分（2/3 为线上自主学习部分的总学分，另 1/3 学分需通过课堂面授获得）。获得学分之后，学有余力的学生可进入认证系统进行拓展学习，参加英语单项技能合格认证，所有英语单项技能通过后可进行综合技能等级认证，以明确自己的实际英语水平。

三、大学英语 O2O 教学模式的构建内容

（一）教学管理

作为一种课堂形式，大学英语 O2O 教学模式构成一条完整的线上＋线下混合学习链：在大学英语 O2O 教学平台上完成线上 MOOC 视频授课＋论坛互动作业互评，同时还要确保每门课程都有充足的线下交流时间，让教师与学生面对面，帮助学生加深对自学内容的理解。每门课程的学分将通过线上自主学习和线下课堂教学两个部分组合获取，学分分配为 2∶1（线上∶线下），学时分配为 2∶1（线上∶线下）。具体为每周 6 学时，4 学时大学英语 O2O 教学平台自主学习＋2 学时纸质教材课堂教学。

对于英语教师而言，MOOC 的兴起是变革自我的一次契机，它会促进教学优秀者愈来愈优秀，教师必须适应新形势下的在线教学模式。大学英语 O2O 教学模式所采用的是线上＋线下混合教学模式，因此英语教师必须以团队作战方式参与课程建设，应当依据自身所擅长的工作（如教务、讲课或者答疑）进行分工协作。教学团队由 MOOC 视频主讲教师＋班级责任教师＋在线答疑教师组成，并需要 1 名负责人统筹指导教学团队，确定系统设计结果的形成性评价和总结性评价。其中，MOOC 视频主讲教师负责 MOOC 课程内容的设计及制作；班级责任教师则负责管理小班并开展面授，管理所属小班讨论课并做出课堂评价；在线答疑教师负责在线回答学生提问，与学生互动并统计学生在线学习的成果。

（二）教学流程

对学生而言，要想完成一门英语课程学习并拿到相应的学分并不轻松。按照大学英语 O2O 教学过程设计，每周会有教师面授 1 次（1 学时），开展 1 次小班讨论课（1 学时），就课程单元内容进行讨论，其余时间为大学生自行观看教学视频。每门英语课程均由学生自主选课组班，每班大约 25 人，学生需按要求定期参加课堂讨论。而在考核中，课堂讨论和成果展示的质量是重要参考，这意味着大学生不仅需要认真地在大学英语 O2O 平台自主学习，还得用心准备线下的课堂讨论。大学英语 O2O 教学模式具体如图 2-2 所示。

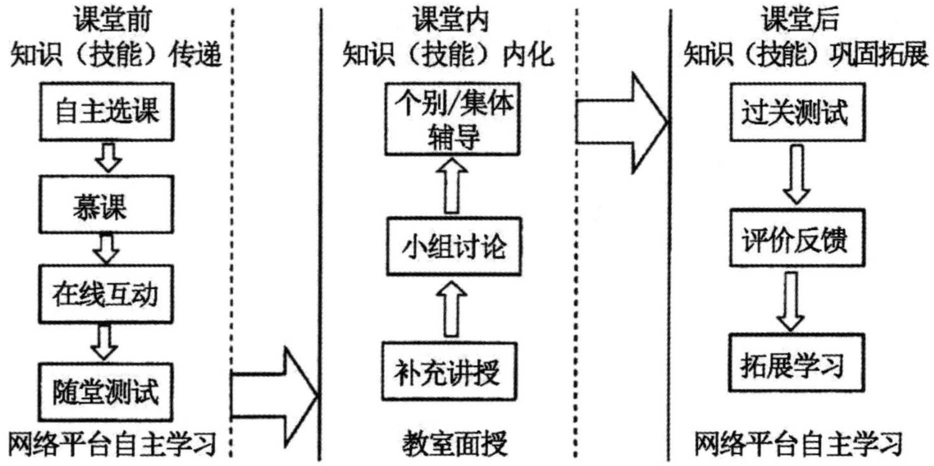

图 2-2 大学英语 O2O 教学模式

1.课前知识传授

（1）英语教师应制作或选择合适的课程资源

在选择课程资源之前，英语教师要先行分析单元教学目标和学习者的特征，而后分解知识点，制作或选择与教学目标和教学内容最为契合的 MOOC 课程。课程应为 5～15 分钟的微视频，有利于学生集中注意力。在设计安排作业与测试题环节，测试题难度要适宜，数量要合理，太难会打击大学生的积极性，而太简单又缺乏挑战性，难以激发他们的学习兴趣。

（2）学习者自主观看 MOOC 视频

大学英语 O2O 教学平台提供的是 MOOC 短视频，并在课程中穿插小测试，以确保学生的注意力更加集中，同时激发学生自主学习思考，以便对知识点有更好的理解和记忆。大学生既可自主选择在线学习的地点（在宿舍或者在学校机房观看），又可自行决定在线学习的时间（可以选择自身学习效率较高的时间点），并在观看 MOOC 视频过程中随时将不理解的地方记录下来。

（3）学习者自主完成随堂测试

大学生在看完 MOOC 视频后，要完成英语教师设计好的作业与测试题，以巩固所学知识。测试以客观题为主，由大学英语 O2O 课程系统完成评价，学生可针对做错的题目重新观看视频；作业以主观题为主，系统对学生进行随机分组，并按组互相评价对方的作业。学生在评价同学作业的过程中也会对之前所学的知识产生新的理解。

（4）互动交流

大学生通过大学英语 O2O 教学平台提供的社交媒体可与本校的教师及同学互动交流，还可以与外界的学习者进行交流，以拓宽眼界，感受不同的思维方式。有学者认为，在利用平台进行交互的过程中，应当充分发挥社会临场感的作用，努力增强在线学习者的凝聚力与归属感，使学习者快乐、不孤单地学习。大学生通过平台与教师及同学分享自己的学习心得，从而对所学知识达到更好的理解。

2.课堂知识内化

该教学环节的英语课堂学习采用的是任务驱动的方式。任务驱动法也是一种建立在建构主义教学理论基础上的教学法。任务驱动法的特点是以任务为主线，以教师为主导，以学习者为主体，能够激发学习者的兴趣，有助于提高学习者自主探究与协作学习的能力，最终完成对知识的构建。

（1）教师补充讲授

由于大学英语 O2O 教学平台上的视频不可能与教学目标、教学内容完全相符，因此英语教师在上课时，必须针对 MOOC 视频中与教学目标、教学内容的不符之处做补充讲授。

（2）确定任务

英语教师综合单元教学目标、教学重难点以及学生平台自主学习的实际情况，在课前设计出具有挑战性和探究性的任务。在课堂内，根据大学生的特点及其自身的意愿，将全班分为若干学习小组，每组人数 4～6 人。各小组成员共同商讨决定要探究的任务，若不同的小组选择了同一任务，则小组之间通过互相协商来分配各自要完成的任务。

（3）任务探究

各学习小组内部合理分工，针对任务进行讨论分析。如果任务整体牵涉面较广，就将其分解为若干子任务，每个组员独立负责一部分进行探究。如果任务不易划分，那么每个组员都对任务整体进行独立探究。这样既体现了大学生学习的主体地位，也有利于培养大学生独立思考、分析并解决问题的能力。独立探究之后，进一步通过对话、商议、争论等形式进行任务协作探究。协作探究活动有益于开拓大学生的创新性思维和批判性思维，对增强学生之间的沟通能力和包容能力都有显著的作用。

（4）成果展示

经过课前的自主学习和课内的任务探究，大学生要在课堂上进行成果汇报和展示。每个学习小组采用合作的形式由各成员轮流汇报，或者推选出一名代表进行汇报。

（5）评价反馈

大学英语 O2O 教学模式中，教学评价由英语教师和大学生共同完成。评价内容包括课前自主学习情况、在课堂任务探究过程中的表现以及小组的探究成果等方面。在评价的过程中，大学生与英语教师、同学不断地进行交流碰撞，逐步完成知识内化过程。课堂评价结果与大学英语 O2O 教学平台评价结果相结合，构成该门课程的总结性评价。

3.课后知识巩固与拓展

经过前两个阶段的学习，大学生基本掌握了知识要点，完成了课程目标的学习。若能进一步在教学平台上完成技能测试和过关测试，即可获得该门课程自主学习部分的学分。英语教师根据大学生的学习情况进行点评后，可把优秀的学习作品以视频或者 PPT 的形式在教学平台上展示；还可收集与教学内容相关的拓展学习资源以设置拓展任务，鼓励学有余力的大学生挑战拓展任务，实现大学生对知识（技能）的巩固与拓展。

四、基于慕课的 O2O 大学英语教学实验

（一）主要特点

1.教学目标自主化

大学英语 O2O 教学模式要求学生在线上和线下的学习过程中整体地接触英语，通过听、说、读、写、译等方式对英语进行积极的认知，从而体会英语语言形式所承载的内涵。通过反复在线观看视频进行自主学习，学生可在反复实践中掌握英语知识；通过培养学生创造性地在课堂上运用英语的能力，帮助他们将已掌握的英语知识外化呈现。

2.教学形式情境化

大学英语 O2O 教学模式的课堂情境预设使学生仿若置身于真实的场景之中，以达到真实运用英语语言知识和技能的目的，从而能够解决具体的问题。这种参与、实践、交流与合作的学习方式开拓了学生的眼界，并使他们的学习动机、精神交流、情感投入以及课堂文化也随之产生积极的动态变化，这符合大学英语课程标准的精神实质。

3.教学评价多样化

大学英语 O2O 教学模式以形成性评价为主，通过在线建立学习档案、学生自评与互评，以及教师课堂观察与评价等多种方式，注重学生英语语言运用的综合能力和健全

人格的发展。学生在线自主学习以及在课堂教学活动中独立探究或协作完成任务，不仅强调了对学生自身英语语言技能的运用，同时削弱了英语教师的主观评价或单一考试结果造成的外部影响。如此一来，学生的自我满足便主要来自对自身能力的内部肯定，从而强化了他们对语言学习过程的投入与关注，有利于形成良好、持久的学习层次递进和自主学习能力的提升。

（二）与传统“3P”英语教学模式的差异性

传统的“3P”英语教学模式是20世纪70年代在行为主义心理学和结构主义语言学的基础上发展而来的一种交际语言教学模式。在“3P”英语教学模式下，教师先通过讲授呈现语言知识，然后让学生在操练中掌握语言知识，最后在控制或者半控制状态下，让学生进行假设交际并实现语言的输出，从而完成教学过程。

该模式的教学目标是学生在一堂课内必须掌握一种英语语言形式。该模式认为，学生只要通过英语教师对某个独立的语言项目的详细讲解及课堂操练，学生便能一步到位地掌握课堂上所教授的内容并加以运用，而事实上这种目标是难以达到的。该模式课堂教学形式的重点在于语言的输入，强调语言知识的机械操练与积累，这种简单粗暴的知识灌输加上单调枯燥的语言操练容易对学生的学习兴趣和积极性产生负面影响。在教学评价上，教师一般采用终结性评价（考试测验等），通常只关注学习结果。

该模式的优势主要包括以下几点：首先，保证了教师的主导性，便于教师进行课堂组织管理，提高了课堂教学的有效性；其次，强调了教学的可控性，能有效保障系统性的语言结构形式教学；最后，重视学生的参与性，学生的操练经过教师的精心设计，有利于达到最好的教学效果。

但这种模式也伴随着不言而喻的缺陷。第一，“3P”模式是以“教”为中心的“先教后学”的知识单向传递的教学模式，它忽视了学生的真实需求和学习地位；第二，“3P”模式受时间和空间的限制，师生互动以及教学进度难以进行个性化设定；第三，“3P”模式偏重英语语言形式，而非语言内容，易导致二者失衡；第四，由于偏重语言形式，课程标准的编写主要以语法为纲领，难以顾及二语习得者的语法习得规律，无法内化二语习得者的中介语语法发展体系。

第三章　英语翻转课堂教学实施与评价

第一节　翻转课堂的基本教学模式与实施过程

从翻转课堂兴起至今，国内外众多学者不断对其展开研究与实践，下面对国内外典型的翻转课堂教学模式进行梳理与分析，并在国内外翻转课堂教学模式的基础上，提出基于微课的翻转课堂教学模式。

一、“探索—翻转—应用”翻转课堂教学模式

“探索—翻转—应用”翻转课堂教学模式最早是由拉姆齐·穆塞莱姆（R. Musallam）教授经过多年的教学实践构建出来的。该模式以引导式探究教学方法作为学生探索新知的方式，并且应用网络教学视频和学习任务帮助学生进行翻转式的学习，最后在课内通过各种教学活动达到知识内化与应用的目的。

（一）探索

这一阶段主要采用引导探究式的教学方法。在课堂中，教师依据教学内容提出问题并提供必要的解决问题的材料，要求学生自己设计出解决问题的程序。整个探索阶段主要分为三部分，即任务、活动和结论。

（二）翻转

这一阶段主要使用教学视频的及时教学，由学生在课下完成。及时教学是一种教与学的策略，建立在“网络的学习任务”和“学习者的主动学习课堂”二者交互作用的基础上。这一阶段主要包含两部分：学生观看教学视频与提交视频反馈。首先，学生观看教师提供的视频，在视频中，教师会对相关概念、定义进行解释，并且会提供与“探索”阶段有关的案例；其次，学生在课前对观看的教学视频作出反馈，教师及时查看学生的反馈以便调整课堂去适应学生的需求。

（三）应用

这一部分主要分为三个阶段：概念测试、材料延伸、评估。这个过程是在课内由教师引导完成的。应用阶段的活动是多种多样的，有更为专业的实验应用任务、个人或小组间的问题讨论、有挑战性的问题和班级竞争等。对学生进行测试后，教师还可以为学生提供知识拓展及应用等方面的学习资料，并最终对学生进行评估。

二、杰姬·格斯丁翻转课堂教学模式

杰姬·格斯丁（J. Gerstein）认为，对于教育工作者来说，实现翻转课堂的一个主要障碍就是：不知道在课堂上应该怎么做。对于习惯了使用说教模式的教育工作者来说，他们需要一个框架帮助他们实现课堂的翻转。基于这一思想，杰姬·格斯丁尝试创建了这样一种翻转课堂教学模式：它提供一系列基于体验式学习周期和麦克卡锡（B. McCarthy）4MAT 教学模式的学习活动。

（一）体验式参与

“体验式参与”阶段包括体验式学习活动、科学实验、模拟、游戏和艺术活动，整个学习周期从一个体验式的训练开始。在本阶段，教师主要引导学生进行一些真实的、动手的活动，这会最大限度地吸引学生的注意力。这个阶段的教学活动主要是在课堂中以小组协作形式进行的。如果是在混合学习中，那这就是面对面教学中的同步活动；如果是在线网络课程，学习者会被要求参与社区活动，或者教育工作者可以为学习者提供一些实践活动或模拟。

（二）概念探索

学习者会在这个阶段接触到“体验式参与”阶段中所涉及的概念。在“概念探索”阶段，学习内容是通过教学视频、内容丰富的网站、模拟社区和在线文本等方式呈现的。在这个阶段中，学习者可以提出自己的问题。

（三）有意义建构

这个阶段指学习者要针对上一阶段内容的理解进行反思。学习者可以通过文字、音频、视频等方式表达和建构他们自己理解的内容。学习者通过作品创作、反思等完成意义建构。

（四）演示与应用

在这一阶段，学习者要去演示他们已经学到的内容，并且以某种方式应用它，使所学内容变得有意义。这是超越了对学生基本学习能力，包括理解和反思的要求，学生必须创造出超出课堂的、个性化的一些内容并应用到生活中。这一阶段最好是以面对面的、小组协作的形式开展。

三、罗伯特·陶伯特翻转课堂教学模式

美国富兰克林学院的罗伯特·陶伯特（R. Talbert）教授在很多课程中开展了翻转课堂教学实践，并经过多年实践研究总结出翻转课堂结构模型。

这一模型简要描述了翻转课堂进行的流程主要分为两部分：课前与课中。在课前，学生主要通过观看教学视频完成对一定基础概念的理解，并完成具有导向性的针对练习。在课中，教师不再是大篇幅地讲课，而是先进行小测试，然后解决学生的疑难问题，促进知识内化。但这种模式仅仅适用于部分理科课程，对于理科中实践性较强或者文科课程而言具有一定的局限性。

四、“四步五环”翻转课堂教学模式

2011年，我国重庆江津聚奎中学借鉴美国科罗拉多州林地公园高中的实践模式，实施了翻转课堂。经过一年多的研究和实践，聚奎中学总结出了翻转课堂实际操作的“四步”和“五环”。

（一）课前“四步”

课前“四步”，即设计导学案—录制教学视频—学生自主学习—制订个别辅导计划。

1.设计导学案

教师在深入研究教材和学生的情况下，以备课组为团队，集体制作导学案。主备教师在该科集体备课会前备好下周的导学案和PPT；备课组在集体备课会上共同研讨、优化导学案和PPT；导学案由主备教师和备课组长签字后交油印室印刷，PPT和导学案电子版交教务处备案。

2.录制教学视频

教师根据教学目标和教学内容，收集资源，录制视频。录制视频时要考虑不同教师和班级的差异，以适应不同学生的学习方法和习惯。

3.学生自主学习

学生按照以下步骤开展自主学习：在独立预习教材的基础上，运用手中的平板电脑下载教师的教学视频和导学案，开始课前学习；登录平台完成预习自测题；组内互助解决个人独立学习时产生的学习问题；组内不能解决的学习问题由组长记录后交给课代表（学科班长），课代表整理好后上传至服务器。

4.制订个别辅导计划

教师通过软件平台及时了解学生学习情况，调整课堂教学进度、难度，制订个别辅导计划，增强课堂教学的针对性。

（二）课中“五环”

课中“五环”，即合作探究—释疑拓展—练习巩固—自主纠错—反思总结。

1.合作探究

组内不能解决的疑难问题，在课堂上以组间互助的形式合作解决。

2.释疑拓展

全班学生都不能解决的问题，由教师在课堂上解决。教师根据学生的实际学习情况进行适度拓展和延伸。

3.练习巩固

学生完成平台上或其他资料上的相关练习，以巩固所学知识。

4.自主纠错

对自己做错的题，学生通过观看答案详解或教师的习题评析视频，自主纠错。

5.反思总结

对本节内容进行知识归纳或方法梳理。

五、基于微课的翻转课堂模式

（一）课前

教师根据教学目标、教学内容和学生认知基础设计课前学习的微课视频、学习任务单和进阶练习等。微课视频可以由教师自行设计制作，也可以选择网上优秀的教育资源。学生根据自己的学习情况，依据学习任务单自定步调地完成微课视频的学习，并在线完成进阶练习。教师可在线了解学生学习情况，并依据学生练习反馈的情况设计课中的教学活动。学生在课前的自主学习活动中，通过微课学习完成第一次知识内化，实现低层次的教学目标。

（二）课中

教师根据学生课前学习情况进行问题梳理、释疑解惑和重点讲解，并通过问题解决、学习任务驱动、作品汇报等多样化的互动活动，促进学生的知识建构，实现教学目标中的高阶能力发展。课堂中教师的一般教学活动包括：错题重现，释疑解惑；问题促学，合作建构；重点讲解，知识梳理；作品汇报，分享收获；当堂作业，分析总结；等等。课堂教学活动的核心是帮助学生完成第二次知识内化，实现高阶层次教学目标的达成。

这个教学模型是一个一般化的翻转课堂教学模型，由于实际教学中教学内容、学生情况和学习环境等因素都存在差异，实践者应根据实际情况进行适当的调整，以满足教学需要。

第二节　翻转课堂教学模式的构建与实施策略

翻转课堂通过网络整合了传统课堂教学与在线自主学习的优势，其教学环境、组织方式、教学策略等要素都发生了变化，如何优化翻转课堂教学的各要素，形成更加有利于学生知识建构的教学结构，是翻转课堂实施过程中要解决的重要问题。

一、翻转课堂实施的关键要素

由于翻转课堂融入了互联网的链接、共享、互动协作等特征，结合传统教学过程的“颠倒”，优化“知识讲授”与“知识内化”环节，构建了网络环境下新型的教学结构。相对于传统课堂教学，翻转课堂的实施要考虑的因素有较大的变化。

（一）学习环境

翻转课堂的一般做法是让学生在课堂之外自主学习，在课堂内进行研讨与交流。对大部分学生而言，要做到让他们在课堂之外严格按教学设计来自主学习并不容易。改造这种来自自由网络世界的教学模式，使其适应班级授课制框架下的课堂教学，第一个要考虑的因素就是学习环境。学习环境是实施翻转课堂教学的重要基础，学校在开展翻转课堂教学实践探索时，可以在学校内构建一个集中式的、适合学生课前学习的“一对一”网络教室，并基于实践对其进行不断改进，探索行之有效的翻转课堂教学环境设计。

（二）技术支持

翻转课堂教学的实施需要网络教学平台、学习资源、学习终端和各种学习工具的支撑。教师在实施翻转课堂教学时，无论是学习资源制作、课前学习活动组织，还是课中在线评测活动开展，都需要使用大量的信息化手段和工具，因此简单易用的教学平台、及时的技术支持服务在翻转课堂实施过程中必不可少。

（三）学习评估

实施翻转课堂教学要求教师了解学生的课前学习情况，并将其作为设计课堂教学活动的重要依据；此外，教师在课堂中也常常需要通过当堂在线测试等方式检测课堂活动实施效果。因此，翻转课堂的实施要求建立起一套关于学生学习数据收集、分析与统计的系统，以帮助教师更便捷地获取学生的学习数据，确定学生的学习起点，分析评价学生的学习过程，预测学生的学习发展趋势。

（四）时间分配

实施翻转课堂首先面临的是时间安排的挑战，我国学生的课时安排普遍过多，课业负担繁重，如果要实现经典的“家里学习微课视频，回到课堂做作业、参与讨论，实现知识内化”的模式并不容易。因此，与国外普遍采用的“家校翻转”不一样，国内很多实践者提出了“校内翻转”“课内翻转”的实践模式，但要实现“校内翻转”“课内翻转”，具体的时间如何分配需要根据学科、课型特点进行科学的规划。

二、翻转课堂实施的基本流程

（一）设计翻转课堂

翻转课堂教学在实施前需要先进行整体的设计和规划，其内容主要包括合理选择教学内容、确定多维教学目标、整理教学资源以及设计教学过程、教学活动与教学评价等，并对各要素进行有机组合与衔接，形成科学、可行的教学设计方案。

（二）准备教学资源

1.教学视频

教师可以根据学生的认知水平与特点，自行录制教学视频，也可以直接使用现成的优质教学视频。教学视频应短而精，教学时间一般不要超过 10 分钟，便于学生有足够的时间与耐心观看视频内容。

2.学习任务单

学习任务单主要用于检测学生的课前学习效果，帮助教师把握学生对课前学习知识的掌握情况。学习任务单一般配合教学视频使用，其内容可以是习题、学生作品制作要求等。

（三）开展课前活动

翻转课堂的课前活动一般包括：教师利用网络平台预设教学视频、在线进阶练习等资源；学生应用学习终端观看微课资源，完成相应的在线练习；教师检查网络教学平台中记录的学生的学习数据，了解学生的学习情况，并在此基础上设计出更具针对性的课中教学活动。当然，学生在课前自主学习过程中可以随时通过论坛、微信等社交媒体与同伴、教师进行互动交流，分享各自的学习收获，探讨学习过程中遇到的疑惑。

（四）实施课中活动

翻转课堂的课中教学活动一般包括：教师根据学习内容的知识脉络进行梳理、归纳，讲解重难点，按高阶教学目标设定任务、问题、练习等，组织小组学习、探究与讨论等活动；学生按要求完成课中学习活动，汇报与展示学习成果，教师组织交流与评价，帮助学生完成第二次知识内化，达成高阶教学目标。当然，不同单元内容的教学实施上也会有较大的差异，上述给出的流程只是一般性的活动流程。为帮助学生在课中达到高阶教学目标的要求，课中的教学活动可以是基于问题解决的自主探究、学习任务驱动的协作探究等。

（五）组织课后活动

翻转课堂的课后活动包括：教师根据学生的学习情况分层布置作业（有时会把学习下一节微课作为作业），学生按要求完成作业，并应用网络平台进行研讨与交流等；教师还需要将学生的作业进行整理评价，并在平台上与全班学生进行分享。

（六）评价与完善

教师收集翻转课堂教学过程中的各种反馈信息与数据，分析整体学生与个别学生的学习成效，反思与评价整个教学过程，根据评价结果对翻转课堂整个实施过程及其要素进行优化与完善。

第三节　翻转课堂的评价

由于翻转课堂的教学优势是在与传统教学方式的比较中得到体现的，那么运用传统教学的检测方式对翻转课堂的教学效果加以检测是可行的。此外，翻转课堂还应具有针对其超越传统教学部分的检测。

一、基于教育理想的学习评价

在有关翻转课堂的论文著作中，对于学生学习效果评价的描述相对集中。大多较为笼统地强调翻转课堂教学中的评价方式与传统课堂教学中的评价方式是有所不同的，主要表现为以下几个方面：

（一）评价主体的多元化

与传统的课堂教学相比，翻转课堂的教学中增加了家长的参与、学生与教师的互动以及学生之间的合作探究。所以，翻转课堂的学习评价者较传统课堂教学的评价者更为多元，家长、教师、学生本人以及一起学习的同伴都应该成为评价的主体。正是这种评价主体的多元化使最终的评价结果更为有效。

（二）评价内容的完整化

在传统的课堂教学中，主要是通过纸质测试对学生的学习效果进行评价，现行的考试制度使这种评价更具选拔性与甄别性。传统课堂教学中的测试通常更为注重对学生认知能力和逻辑思辨能力的评价，而很少能够对包括知识与技能、过程与方法、情感态度与价值观在内的三维目标进行有效的评价。与之相比，翻转课堂教学评价既注重对学生学习结果的评价，也注重对学习过程的评价，应该说翻转课堂教学评价内容更具完整化。

（三）评价角度的全面化

翻转课堂中的学习评价不同于传统课堂教学中的学习评价，翻转课堂中的学习评价贯穿学生的整个学习过程，力求对学生学习过程中各个阶段、各个方面的表现进行更为全面的评价。即要做到定量评价与定性评价相结合，过程性评价与总结性评价相结合，自我评价与互相评价相结合。

（四）评价方法的多样化

定量评价侧重以数量化和精确化的方式来作出定量的价值判断，而定性评价则侧重运用描述客观事实的语言来作出定性的价值判断。在翻转课堂的教学评价中，运用定量与定性相结合的方式进行评价，有助于促进学生的全面发展。在具体的评价过程中，可以运用多种评价方法，如成绩评价、问卷评价、量表评价，以及基于网络学习的监控数据的评价等。

应该说，这种综合性评价在理论上应该能够使教师更好地了解各项学习活动实施的效果，获得更有效的教学反馈，从而有助于教学的改进与完善。但这些概括性的描述只勾勒了一种理想化的愿景，并未对一线教师的具体实施提供切实可行的指导。或者说，这些描述过于复杂模糊，在具体实施中存在较大难度。

二、基于教育实践的学习评价

基于对翻转课堂教学时效性的探究，我们可以结合教学实际，针对教学目的给出表述相对具体、操作相对容易、简单易行的学习评价标准。

（一）课前独立学习的评价标准

在翻转课堂教学中，学生要提前在课前观看教学视频，进行独立的前期学习。在对学生课前的独立学习进行评价时，可以对学生观看教学视频情况、学生完成针对性自测题的情况加以评价，也可对学生平台互动交流的情况加以评价。

1.对观看教学视频情况的评价

学生在课前要独立观看教师预先提供的教学视频，完成对传统课堂上知识性内容的学习。学生在这一阶段的学习效果将直接影响后续课堂交流探究的学习。对这一学习过程的评价，主要体现在学习教学视频的态度方面，具体表现为观看教学视频的时间长度、反复观看的次数、观看时专注的程度（如有无进行跳跃式观看）等。这项评价可以由学生和家长共同完成，再交由教师作为学习评价的数据之一。

教师可以通过比对学生整体观看视频的时间与教学视频的实际播放时间，来判断视频难易程度的设定是否合理；可以通过对学生个体反复观看视频的次数的变化来判断学生学习能力的变化与学习状态的起落；也可以通过对学生观看视频的专注程度的提示逐步培养学生良好的学习品质。

2.对完成针对性自测题的评价

学生在独立观看完教学视频后，要完成教师预先设定的具有针对性的自测题。一方面是为了巩固所学的知识，另一方面也是为了检测自学的效果，即发现自己在学习过程中是否存在理解不透彻的盲点。这里教师所设定的练习题要明确针对教学视频的重点和难点，从而对学生观看教学视频的自学效果进行有效的检测。对这一学习结果的评价，主要体现在学生对自测题的完成程度方面。具体可以分为完成自测题的时间长度、答案的准确程度、所提疑问的价值度等。这项评价可以由学生、家长和教师共同完成，作为学习评价的数据之一。

教师可以通过比对学生整体完成自测题的时间来判断视频难易程度的设定是否合理，也可以通过比对学生个体之间完成自测题的时间差异和答案的准确率之间的差异来衡量学生独立学习教学视频的效果的差异，还可以通过分析学生在反复学习后所提出的疑难问题的深度与广度来判断教学视频的科学程度以及学生对教学视频内容的内化程度等。

3.对平台互动交流情况的评价

对于网络环境较好、信息技术水平较高的地区，在实施翻转课堂的教学时，教师还可以增添对学生在交流平台上与同伴、教师交流情况的评价。由于在前期的独立学习过程中，教师无法给予学生及时的面授辅导，所以学生可以借助平台与同学和教师进行互动交流。对这一学习过程的评价，主要体现在学生的参与程度方面。具体可以分为在网络平台上提出问题的次数和水平、参与讨论的频率、为他人提供学习帮助的质量等。这项评价可以由教师和学生共同完成，作为学习评价数据之一。

教师可以通过比对学生在网络平台上提出问题的次数和水平来衡量学生独立学习的质量，可以通过比对学生参与讨论的频率来衡量学生学习的热情与参与度，也可以通过比对学生为他人所做的学习贡献来衡量学生的参与精神与团队共赢的意识。

（二）课堂上交流探究的评价标准

在翻转课堂教学中，学生要在课堂上通过交流探究进行合作式学习。在对学生课堂上的探究学习进行评价时，可以对学生独立学习过程中的表现、在小组协作学习中的表现、在学习成果展示交流中的表现加以评价。

1.对独立学习过程中表现的评价

在翻转课堂教学中，因为学生已经进行了前期的独立学习，所以教师在课堂教学中很容易忽略对学生独立学习能力的关注与培养。事实上，前期的教学视频通常只针对教学的重难点使学生完成知识上的学习。因而，学生在课堂学习中必然应进行独立的思考与学习，这是不能被忽视的。在课堂学习中，教师应首先确定探究的内容，然后要给予学生独立思考和探究问题的机会，以提升学生独立学习的能力。对这一学习过程的评价，主要体现在学生解决问题的能力方面。具体可以分为能否独立分析问题、能否快速确定问题的解决方案、是否明确自己难以解决问题的关键点等。这项评价可以由教师和学生共同完成，作为学习评价数据之一。

教师可以通过比对学生在分析问题时独立思考的程度来衡量学生独立思考的能力与专注程度，可以通过比对学生能否快速确定问题的解决方案来衡量学生解决问题的能力与技巧度，还可以通过比对学生是否明确自己难以解决问题的关键点来衡量学生思考的深度与对知识的内化程度。

2.对合作学习过程中表现的评价

在翻转课堂教学中，教师在课上组织学生进行合作式学习，即学生之间采用对话、商讨、争论等形式探讨问题，以达成学习目标的学习方式。在相互交流、合作探究中学习，不仅有助于所学知识的内化、学科能力的形成，而且有助于生成性理解的形成，更有助于学生沟通能力的提高和良好人际关系的培养。因而，对学生在合作学习过程中表现的评价能有效地衡量学生学习的质量。具体可以分为组内任务分工的明确程度与合理程度、组内成员的协作态度与参与度等方面。这项评价可以由学生、同伴和教师共同完成，作为学习评价的数据之一。

教师可以通过比对组内任务分工的明确程度与合理程度来衡量学生合作、探究的能力；可以通过比对组内成员的协作态度与参与度来衡量学生相互交流、彼此合作的能力。

3.对学习成果展示交流中表现的评价

学生在相互交流、合作探究之后，要将小组的学习成果加以展示交流。小组的学习成果本身即是学生的终结性学习成果，能直接反映出学生在翻转课堂中学习的成效。这一环节不仅能够巩固本节课学到的知识，也能有效地培养学生的沟通、表达能力，使学生获得综合素质的提高。具体可以分为口头陈述与成果展示两个方面。这项评价可以由学生和教师共同完成，作为学习评价的数据之一。

教师可以通过比对小组之间发言内容的深度、层次的清晰度、思维的创新度，以及探究成果的完整度和深度，来衡量学生的探究能力、学习能力与学习的效果。同样也可以评判教师自身对课堂内容、探究问题的设置是否合理。

应该说，教师在通过评价来衡量相互交流、探究学习效果的同时，这种评价也在客观上对学生的学习品质乃至综合品质进行了有针对性的培养与塑造。

第四章　翻转课堂模式下大学英语词汇与语法教学

第一节　翻转课堂模式下大学英语词汇教学

一、翻转课堂理论与大学英语词汇教学的结合

翻转课堂是利用信息技术加速英语词汇教学改革的一种新颖且高效的教学模式，在这种教学模式中，教师能充分发挥引导、启发、监控教学过程的主导作用，学生能充分体现作为认知过程主体的主动性、积极性与创造性。本节就对翻转课堂理论与大学英语词汇教学的结合进行探究。

（一）翻转课堂理论与大学英语词汇教学相结合的优势

1.能够增加学生学习的主动性

翻转课堂的实施为学生提供了可供反复观看的微视频，使学生的学习不受时间、地点的限制。这些微视频短小有趣，又贴近学生生活，有的还设置成闯关游戏，符合学生好奇心强又具有探索精神的特点。学生每次观看视频学习了多长时间，都需要填写学习视频记录表。此记录表上包括今天学习多长时间，遇到的问题是什么，简单的练习题及错题记录等。通过这种自主学习的方式，学生可以反复学习，不断刷新自己的检测成绩。

2.符合学生的学习特点

很多学生往往缺乏学习的主动性，需要教师的明确指导。随着年龄的增长和社交范围的增大，学生的自我意识增强，特别需要得到教师的肯定，同伴之间的相互影响也逐

渐增大。学生的认知发展在感知觉、记忆、注意、思维等方面都发生着变化。基于翻转课堂的英语词汇教学能有效发挥微视频的优势，并结合丰富多彩的课堂活动，提高学生学习的主动性。教师可以对学生进行个性化指导，尤其是课堂小组活动的设置满足了学生对于同伴关系的需求。

3.能够满足英语课程标准的要求

基于翻转课堂的词汇教学能满足英语课程标准的要求。它要求教学要以学生为主体，尊重学生间的差异；教师要开展活动，倡导学生积极参与；教师要开发教学资源，拓展学生的学习渠道。翻转课堂有趣的教学视频、丰富多彩的课堂活动，以及教师指导、学生为主体的教学方式完全支持实现以上要求。

（二）基于翻转课堂理论的英语词汇教学设计

1.教学载体

（1）导学案

教师可以为学生设计纸质导学案。有关导学案的定义相对较多，有学者认为导学案是教师依据教材的特点和教学的需求站在学生的角度上设计的为了引导学生自主学习的方案。它的设计往往建立在教师对学生实际学习情况的充分了解和对课程标准、教材内容的科学分析的基础上。

也有学者认为，导学案是通过教师的“导”来引导学生先行尝试，教师再根据学生尝试的结果有针对性地组织教学的“导学”方案，重在“导什么”和“如何导”。导学案强调学生在课前的自主学习以及课堂上的自主探究。教师将从学生在课前的自主学习与测试中获得反馈，然后进行二次备课。对于学生通过自主学习已经掌握的知识，教师在课堂上可以不讲或少讲，要重点讲解和点拨的是学生在反馈中所体现出的问题、疑难或困惑。通过这种“先学后教”“以学定教”“当堂训练”的模式，来达到提高课堂教学的针对性和有效性，培养学生自主学习、合作探究能力的目的。

还有学者认为，应用于翻转课堂理念下的导学案应当以学案为载体，以导学为方法，结合教案和学案的优点，达到教师引导学生自主完成学习任务的目的。

这里要格外强调，给学生下发的导学案并不是简单的知识点的纸质灌输，不是把黑板的板书变相转移到印制的纸质学习资料上。导学案的设计是要培养学生的问题意识和思考意识，给学生明确的思维导向，让学生主动学习，最大限度地参与到教学过程中来。

导学案着眼于学生的“学”，是学生自主学习的指南针。翻转课堂如果配有导学案等更有利于学生有针对性地学习和练习。导学案的设计是开展翻转课堂教学的重要前提，导学案非常方便印刷、分发，也方便学生携带，可以每日进行家校翻转的学习。当然，导学案也非常适用于每节课当堂下发，让学生在课内开展翻转学习。

（2）微信平台

微信是腾讯公司推出的一个为智能终端提供即时通信等服务的免费应用程序，支持单人、多人参与，支持跨通信运营商、跨操作系统平台收发语音、图片、视频和文字。当今社会，互联网技术和信息技术飞速发展，“互联网＋”教育蓬勃发展。“互联网＋”这一概念，旨在利用互联网平台，利用信息通信技术，将互联网和其他行业结合，创造一种新的生态。“互联网＋教育”是教育领域的新生态，通过互联网技术，实现教育资源的远程分配，也就是实现在线教育。

教师可以建立一个班级词汇学习的微信群，课前通过移动互联网为学生发送课堂相关词汇的已编辑学习资料或学习视频；教师也可以通过微信发布课外的一些有关英语词汇学习的信息和知识，如单词的近义词、反义词，或者固定搭配、句型、谚语或文化背景等，这样可以极大地拓宽学生的知识面，挖掘学生学习词汇的兴趣。学生可以利用智能手机、平板电脑通过微信进行文字、图片甚至语音、视频的交流。微信平台方便了师生间的交流，还可以给部分内向学生提供大胆提问的空间，使其不再害怕或者羞于提问。

同时，微信可以使学习资源得以分享和扩散，让优质教学资源的分享成为可能。利用微信群组，可以讨论英语词汇的相关问题，对于典型的问题，教师可以重点讲解；利用微信朋友圈，可以传播英语词汇的相关知识，将有价值的、学生感兴趣的、经典的词汇知识发布在朋友圈；利用微信公众号，可以开展英语词汇教学，当然这需要教师做好筛选和鉴别，再向学生做好推荐，通过教师的肯定、鼓励，可以帮助学生更好地拓宽词汇知识面，了解更多的英美文化、背景等知识。

2.设计原则

要想上好每一节英语课，首先需要有好的教学思路作支撑，教师要结合学生实际做好教学设计。英语词汇教学翻转课堂教学设计也需要符合翻转课堂教学的内涵，秉承翻转课堂的指导理念，遵循自主化、个性化、协作化和情景化等原则。

（1）自主化原则

学生是教育的主体，教师设计的词汇教学内容应该充分满足学生的实际需求，要能凸显学习中学生的主体性。教师的“教”不是简单地向学生灌输知识，而是要向学生教授学习的方法，“授之以鱼，不如授之以渔”，做到教是为了不教。

学生是有能力独立做出与学习活动有关的决策并成功实施的，他们可以通过教师教导与学生自学的共同作用形成自主学习能力。要保持学生的持久动力，教师应创造更多的让学生能够运用英语进行实践活动的机会，通过精心设计形式多样的实践活动，让学生有选择地去决定、思考、体验、感悟运用外语所带来的成就感与乐趣。

翻转课堂教学模式下的词汇学习要不断挖掘学生的兴趣和潜能，让学生不再被动和被迫接受教师“灌输”的单词，要让学生主动参与课堂讨论和实践，愿意参与课堂活动，主动探究知识，锻炼学生自主发现问题和解决问题的能力。

另外，学生可以自主选择和把握学习的时间、学习的节奏和学习的环境，自主发现和解决学习中的问题，也可以以最适合自己的方式自主完成学习。学生缺课的，这些错过的课程都可以通过翻转课堂的学习补上。学生可以开展自主学习，还可以根据自己的实际情况调整学习英语词汇的时间和地点，这大大方便了学生对于英语词汇的自主学习。

（2）个性化原则

由于每个学生的英语基本功底不同，因此其学习过程中遇到的问题以及需要的帮助也会千差万别。教师要尽最大能力给予学生最大限度的帮助，对每个学生的需求进行具体分析。教师要多方面帮助学生制订具体详细的学习计划，确定与英语词汇学习目标有关的活动及时间，并指导他们对学习进行自我评价和自我监控。教师可以通过小组讨论的方式，让学生相互交流学习策略，了解学生对学习策略的使用效果，并对学生及时进行个别指导，做到个性化教学。

在翻转课堂教学模式下的英语词汇课前，学生可以根据自己的英语水平及认知能力合理使用导学案或观看微视频，自主掌控和调节学习进程。在课堂中，教师可根据不同学生学习任务的完成情况设计不同要求的教学活动，对于一些共性问题可以师生共同解决，对于一些个性问题可以指导学生通过合作、探究等方式自己寻求答案。

翻转课堂模式下的教学课堂已经从传统课堂中解放出来，学生可以在课堂上自由提出自己的问题，发表自己的观点，提出自己的质疑；教师也从传统课堂中解放出来，不再霸占课堂，而是把课堂的主阵地还给学生。在翻转课堂上，教师拥有大量的时间，可以去倾听、去观察。教师在教室巡视的过程中需要给予学生有针对性和个性化的指导，解决不同学生遇到的不同问题，这样才能提升不同学生的差异化知识运用能力。

（3）协作化原则

教师可以利用现代信息资源和技术构建相互协作的教学环境，这也是翻转课堂教学活动得以很好地开展的基本保障。无论是学生从教师处或者从同学、伙伴处获取学习资源，还是教师给予班级学生实时的英语词汇学习指导监督和及时反馈，都非常需要师生之间和生生之间的相互协作与相互交流。

语言是人与人相互交流的工具，单纯的个人学习不能真正体会到语言的魅力，更不能理解英语词汇的真正含义。无论是借助纸质导学案，还是借助微信群，都需要教师通过设计开放性和启发性的问题引导学生进行小组的交流和讨论，让每个组员通过语言活动来亲自感受对英语语言的理解和升华。起初，学生或许会受到传统课堂的影响，或许会由于自身语言基本功不高而放不开自我，不敢或者羞于与大家交流，但是随着学习内容和学习成果的不断丰富，学生语用能力不断提高，学生发现了每个人都有长处，每个人都有自己的短板，大家需要相互协助和帮忙。

（4）情景化原则

英语单词的学习绝对不是孤立的，单纯地背诵词典、词汇手册或课本生词表的单词只会让学生望而生畏。著名语言学家吕叔湘也曾经说过，“词语要嵌在上下文里才有生命”。词汇的学习应当做到“词不离句，句不离文”，加上英语词汇本身有别于汉语词汇，二者存在一定的文化差异，所以教师对于英语词汇的教学需要设定一定的情景，有针对性地把所学词汇放在特定的语境中，以便于学生理解和接受。

首先，情景是语境化的，能够为学生提供英语单词使用的丰富背景，它的作用是单词配对所不可及的；其次，设定情景是行之有效的教学法，能够使得词汇学习和阅读这两项活动同时进行；最后，学生自己根据阅读材料选择学习词汇，所以是更个体化的、以学生为基础的方法。

教师可根据所学的新词给学生创设真实情景，鼓励学生积极进行叙事活动，让学生身临其境，能够真切感受词汇的使用语境。要避免没有例句、没有对话、没有语用的情境，应该在话题的支撑下进行，否则即便学生学到了单词的拼写、读音和词组用法，也无法运用单词。只有在具体的语境中，词汇才具有生命力。通过一定的语境串联，不仅能够让学生掌握词汇，而且有益于培养学生的英语思维能力，便于学生在真实环境中灵活自如地使用词汇，做到学以致用。在课堂上，教师要给予学生更多的机会进行操练，让学生调动感官，让词汇学习不再只是枯燥乏味的“纸上谈兵”。

3.教学环节

教学环节包括课前、课中和课后三个阶段。课前环节，教师提前编制的导学案以及通过微信推荐的微视频等学习资料是学生知识建构的基础和保障，也是促进学生自主学习的重要手段。在课堂上，教师通过词汇展示等活动为学生提供词汇实际应用的情景，帮助他们通过听、说、读、写，或表演、观看、讨论等感知方式来完成词汇深度的知识建构。在课后，学生对课堂所学内容进行反思，通过对词汇的巩固练习，做好查漏补缺，教师对学生的共性问题要及时总结分析，做到及时反馈，对部分学生的个性问题也要耐心解决，做好个别辅导。

（1）课前准备

①教师课前准备。教师的准备工作可以从如下几个方面着手：

第一，设计导学案。词汇导学案是教师基于教学目标和教学内容，根据学生思维发展水平，提前对所学词汇设计导学提纲或相应的学习材料。教师设计词汇导学案的重点也应当在学生学习思路的引导上，要具体落实到学习活动及学习目标的问题设计上，确保学习内容提纲化、问题化，使学法指导具体化。

教师不再占用课堂面授中的大部分时间来进行词汇知识的输入传递，对词汇细化详解，而是通过课前布置导学资源，简要阐明相关知识的导引和学习任务，以促使学生关注文本中的关键词汇，将词汇知识的传输移至课前，由学生自主完成。教师在课前设计词汇导学案时，注意知识结构框架要清晰，这样静态的学习内容才有可能动态化地呈现在学生面前。教师可以通过导学案让学生清楚了解课前的学习任务、学习目标，做到主次分明、重难点突出。例如，教师可以使导学案中的词汇主题化，这样以点带面地引出单词；教师还可以让导学案中的词汇内容丰富化，包括单词的词源、文化背景，选取相应的名言名句或诗歌美文。

第二，创建微信交流群。微信不仅能给我们带来娱乐和放松，更能让我们享受学习英语的便捷。通过建立班级微信交流群，教师可以通过此平台及时为学生分享词汇学习的微视频等学习资源，发布学习任务等，方便学生进行微课程学习，学习教师布置的词汇教学内容，实现课前知识传输的教学目标。微信交流群也方便师生间及时进行英语词汇学习交流。

②学生课前准备。学生的课前准备包括如下几个方面：

第一，学习导学案。学生根据教师预先设计的词汇导学案来预习所学英语词汇，完成相对较低阶段的认知目标，即对文本知识的熟悉和理解。导学案能够引导学生进行有效的课前自主学习，让学生积极参与到课前准备中，知道如何下手预习，不再对学习感到手足无措或者无能为力，从而改变或纠正了部分学生以往消极厌学的学习态度。同时，在学生对导学案进行自主学习和了解的过程中，教师也应当鼓励学生及时记录思想的火花，汇总学习过程中遇到的困难或疑惑，收集学习的成果。

学生对词汇导学案的学习可以运用在家校翻转中，也可以运用在课内翻转中，这两种翻转策略都能帮助学生做好充分的课前准备。家校翻转，即学生在家预先学习教师设计的导学案，可以发挥个性化学习的优势，学生在课堂上提出自己的问题，大家相互探讨，教师也可以及时个别指导。课内翻转，即学生在课堂上先用前一部分的时间自主学习教师设计的导学案，再用课堂的后一部分时间边学边练，通过小组的形式完成学习任务，实现学生之间的探究协作。

教师可以全程参与学生的学习过程，监督每一位学生的学习情况。在自主学习过程中，学生要结合导学案，有针对性地解决导学案中出现的问题。学生对于导学案中的自主学习任务可能完成得很好，也有可能存在理解上的偏差，这都是正常的。通过自主学习导学案，学生提前清楚课堂将要讲解的知识点，发现知识点中存在的盲区，找出疑难问题，做好疑难点的记录。课堂上教师基本不用教新知识点，主要针对学生提出的疑难点进行答疑解惑。

第二，微信平台学习或交流学习困惑。学生可在移动终端登录微信，通过教师已经建立好的班级微信交流群，学习教师发布或分享的词汇学习资源，还可以及时查看教师推荐的精彩的微信公众号，以拓展自己的词汇知识面，根据词性、词语的习惯搭配和主题内容，构建不同词汇语义网，积累词块，扩大词汇量，并在大量的语言学习活动中强化语感，迁移词语运用能力，最终做到词语内化。

学生对英语的学习具有主动性、自发性和积极性，他们也很愿意接受新的事物，愿意不断地探索和钻研学习中遇到的各种问题，更希望能及时消除学习中的困惑。碎片化阅读正成为当前流行的阅读方式，无论是阅读内容、阅读载体，还是学习者本身，都成为碎片化的组成部分。微信平台满足了这种碎片化的学习和交流方式，非常适合碎片化阅读时代学习任务的开展。在忙碌的学习之余，学生有热情随时随地学习英语词汇，微信能够为学生提供这样一个学习交流的平台，他们可以及时提出学习过程中自己遇到的疑惑，通过微信这个载体向教师或向同学及时请教。在微信交流群中，学生也可以通过班级同学的踊跃发言，打开自我思考问题的角度，拓宽看待问题的视野。

（2）课堂活动

①学生课堂活动。学生课堂上的活动主要有如下几项：

第一，提出疑惑。在课堂上，教师要给学生机会，要让学生提出在课前学习过程中对词汇知识点的困惑，指出自己在完成词汇练习时碰到的难点或瓶颈，教师甚至还可以鼓励学生对本单元词汇导学案提出中肯的建议。教师要给学生信心，多鼓励学生大胆作答、踊跃发言，这样才能多从学生的角度出发，多从学生的实际学情出发来了解学生对词汇学习的真实需求，了解班级大多数学生词汇学习的问题所在。

第二，小组合作。考虑到大班级授课的实际情况，建议学生按照班级座位就近组成小组，每个小组 3～5 人。组合好学习小组之后，请学生在学习小组中推选出小组长，小组长要组织、记录和负责好每次小组活动。

在小组合作互动过程中，每名小组成员都必须提出对某个问题的看法，要与小组其他成员进行意见的交流或观点的互换。每名组员都要积极参加小组的讨论、辩论、表演等活动，有集体荣誉感，为小组活动积极献计献策。

另外，在学生进行小组交流的过程中，也有可能再次出现解决不了的难题，这需要与班级其他小组成员一起探讨，即小组间讨论，大家集思广益，彼此在实践中获得知识。对于小组间都难以解答的问题，可以由小组长将各组的问题进行汇总，由英语课代表统一反馈给教师。教师要归类整理学生课前自主学习后集中反馈的问题，鉴于每个学生的基础存在差异，教师在组内沟通、统一讲解后，部分学生或许还会有不理解的地方，教师要给学生时间提问，或者给予一对一的帮助。教师还可以根据大家对单词的掌握情况，确定出有意义的、有探究价值的问题，供大家在课堂上一起讨论。

第三，展示操练。学生将课前自主学习到的新知识和新技巧在课上进行实际操练，教师通过学生在课堂上的具体操练情况判断学生对所学相关词汇知识的掌握程度。教师对学生课前的碎片化学习和知识摄取，要在课堂上正确引导，进行词汇知识的梳理、归纳和整合，帮助学生最终达到知识的内化。

学生要想实现对词汇的自如运用，需要实践的过程，更需要课内的实际操练。教师可以安排学生口头展示，或者黑板书写展示，这样更容易暴露出学生在词汇应用中容易犯的错误。例如，教师可以听学生的单词拼读，了解学生对该单词的发音是否标准；教师可以通过学生的造句，了解学生对单词词组或固定搭配的使用是否正确。或者教师就文章的标题或文章中有争议的地方提出问题并让学生积极参与讨论，让大家畅所欲言，集思广益。这样的讨论不仅能让教师了解学生单词的发音是否正确，词组搭配是否准确，还能进一步检查学生对文章主题的挖掘和探索程度。在日常学习中，只有学生之间交流展示的机会不断增多，学生实际运用单词、词组的能力才能不断增强。

②教师课堂活动。教师课堂上的活动主要有如下几个方面：

第一，解答疑惑。在翻转课堂上，教师不是在给学生讲授新知识，而是在针对学生的问题进行答疑解惑。教师要从学生的实际出发，启发式地回答学生的问题，对学生提出的疑点或难点必须一一解释清楚，要避免“填鸭式”教学，不能倾倒式输出，一下给学生讲授大量单词。翻转课堂模式下，教师要引导学生在课堂上深入探讨问题，引导学生主动思考，为了加深其认知程度和知识的内化，教师可以结合学生的生活实际为学生创设情景，构建词汇学习框架，注重语用教学，用生活中的例子深入浅出地解释词汇的疑难点。

需要注意的是，教师对学生已掌握的知识无须重复讲解，毕竟学生每天课外学习的时间很有限，学习英语的时间也是有限的，一定要充分利用宝贵的学习时间，帮助学生实现英语词汇的情景化和个性化学习，教师在课堂进行及时答疑或现场辅导，有针对性地给学生课堂上完成的学习任务或学习作品进行适时点评，对学生取得的成绩给予鼓励和正面引导，同时根据学生课堂提出问题的实际情况进行课堂拓展。对于小组成员合作探究过程中个别学生偏离主题的思考或言谈，也非常需要教师适时加以指导和点拨，不可浪费时间。

第二，拓展强化。教师指导学生完成知识点的综合运用等任务，呈现进阶词汇学习任务完成过程中的共性问题，对学生学习活动中掌握不到位的地方及时给予释疑，同时根据学生课堂中提出问题的实际情况进行课堂拓展，引导学生主动思考和深入探索学习中遇到的问题，适当加大难度，为学生设计拓展练习，提升对该词汇学习的掌握度。例如，为学生分析单词的词根，并通过添加前缀或后缀，拓展和延伸单词的同根词。通过一个单词延展出多个单词，巧用词根记忆单词，扩大词汇量，在提高学生阅读能力的同时，也提升了学生口头用语和书面用语的用词水平。

（3）课后巩固

①教师课后总结。在课后教师要带领学生做好翻转课堂的总结分析工作，对学生的学习情况进行客观的点评，对学生的词汇学习情况、词汇练习与实际运用情况给予及时的反馈，对于学生在学习中有待改进和提高的地方及时给予指导。教师要帮助学生梳理课堂上解决的疑惑点，要深入分析学生学习单词的突出问题，引领学生复习易错点和易混点；要帮助学生清晰区别和判断，避免各个知识点的混淆，完成本节课词汇学习的操

练和运用。此外，教师在课后巩固环节，还要带领学生整理重难点。教师可以对疑难点设计多种形式的练习，让学生反复不断操练，还可根据实际需要，对学习依然存在问题的学生进行个别辅导。

②学生课后巩固。学生根据教师评价反馈对课堂内容进行温习和巩固，尤其要关注重难点，做到牢固掌握知识，以构建完善的知识体系。对于一些较难掌握的知识点，可以依旧以学习小组的形式，采取组员之间相互协助、相互帮助的形式，或者通过小组讨论，使学生能够更轻松地理解英语单词的用法，进一步内化知识。

（4）教学评价

教学评价就是依据一定的教学目标，运用一切可行的、定性与定量的手段和方法，对教学活动所涉及的主要因素及其效果进行价值判断，从而为调节和控制教学提供依据，保证教学任务得以顺利完成的过程。

翻转课堂的评价环节是检验翻转课堂实施效果很重要的途径，翻转课堂的运用不仅要着眼于学生所学知识点的掌握和提高，更要着眼于学生自我学习能力及学习思维的培养，如协作能力、交流沟通能力以及创新思维、批判性思维。在翻转课堂的词汇教学中，更要好好把握教学评价这一环节。

①评价主体多元化。评价主体的多元化具体体现在以下几个方面：

第一，学生自评。学生是学习的主人，是英语词汇学习最直接的参与者，需要对自己每日的学习负责，并且对自己英语词汇的学习有着最清晰、最直接、最真实的了解，对自己学习过程中的强项和弱项把握分明，对自己的学习评价也可以做到更深入、更具体、更有针对性。教师在评价过程中要大胆放手，让学生参与到每日的自我学习评价中来，从多个方面强调学生由被评价者转向评价者，由被教师评价转向自我评价。通过对学生自我意识的培养，让学生自我责任心增强，通过填写“学生自评表”，学会主动规划英语词汇学习的时间，提高个人时间管理能力，这样学生会更加积极和认真地找到自己学习中的问题，敢于面对问题，并及时纠正问题，不断获得发展的动力。

第二，学生互评。学生可以在教师的指导下，利用英语课堂上的小组活动或者借助互联网和信息技术，与教师和同班同学在课堂上或者微信平台上实现个人或多人的线下或者线上英语词汇学习情况的交流。借助微信，学生可提出问题，解答其他同学的疑惑，参与教师与同学之间的讨论等；当然学生也可以指出同伴在词汇学习中的问题，如发音、书写或是用法。但需要强调的是，同学相互之间指出问题时，必须要注意表达的方式及语音语调，且必须是善意的，被指出问题的同学要虚心接受，心怀感恩。每个同学提出问题的次数、所提问题的质量、参与讨论的热情以及为他人提高所做的付出都可以被记录在专门制作的“学生互评表”上。它不仅能记录学生的成长过程、具体学习情况，还能促使学生相互帮助、相互合作，潜移默化地培养学生的团队精神。

其三，教师评价。这是传统课堂中大家最熟悉的评价方式，在翻转课堂教学模式下，依然不能忽视教师作为学习组织者、管理者和监督者的身份，教师依然可以从旁观者的角度来对学生的表现给予一定的评价和点拨。教师的评价是学生自评和学生团队之间互评的有益补充。教师的评价主要针对学生的情感、态度、学习方法、学习问题、学习策略以及阶段性的进步等。例如，学生是否通过教学平台在课前与他人形成了积极良性的互动交流，学生是否及时参与了同学在交流平台上所提出的问题与困惑。教师的评价可以给学生极大的激励，具有督促作用，可以帮助学生不断前行，不断促进自我学习习惯的养成，实现英语词汇能力的提高。

②评价方式多样化。为了全面、科学、公正、客观地评价学生的英语词汇学习情况，教师有必要将过程性评价和终结性评价有机结合，取长补短，发挥各自的优势，对学生的词汇学习进行综合评判。

第一，过程性评价。过程性评价是在学生学习的过程中进行，注重学习主体参与的过程，以促进学生发展为目的，注重学习过程的价值建构。对每一个学生知识的获得、技能的培养、能力的形成，以及在学习过程中所取得的阶段性成果，通过合理的、恰当的方式给予肯定，帮助学生增强对学习过程的认识，促进学生学习词汇成就感的养成，有效帮助学生增强英语词汇实力。

翻转课堂模式下的英语词汇教学不能像传统课堂那样只关注学生参与学习活动的结果，而是要更重视学生参与学习的过程，以平时的练习和任务为主，包括学生的学习态度和学习效果，具体体现在课前资源的学习与小组讨论，课堂表现与讨论答疑等方面，如学生自主学习的过程、学生参与讨论的过程、学生提问的过程，小组成员相互协作的过程、个别指导的过程。小组成员在学习的每一阶段、每一环节都可以被关注和评价，它是一个长期持久的过程。注重学生每一阶段的成长，有利于学生及时反思，不断发现和解决问题，促使学生更快、更好地成长。

第二，终结性评价。终结性评价是在教学活动告一段落后，为了保证教学活动的质量和最终效果而进行的结论性评价。它重视结果，目的是通过对学生知识和技能的掌握做出鉴定，从而对学生进行甄别和选拔，并根据成绩对整个教学活动的好坏作出判断。

对于课堂所学知识的结果的评价出现在课堂研讨总结部分，是对教学过程进行的提炼升华，教师要进行课后的反思、课堂的总结、教学目标的优化；学生要通过保存的文字、语音、视频等资料回顾本人课堂的学习情况，查看自己对知识的掌握情况以及对技能的掌握程度。

总结性评价也可以在每个单元的学习任务完成后，对课本及听力、阅读、翻译等各种练习中出现的单词进行考核，查看学生掌握的词汇以及学习情况。

对于学生的评价，可以结合过程性评价和终结性评价一起来完成，其中以过程性评价为主，以终结性评价为辅。

（三）英语词汇翻转课堂教学的辅助策略

1.讲授词汇记忆法

词汇知识的掌握、词汇量的积累、词汇的有效运用都要以词汇记忆为基础，所以帮助学生有效记忆词汇也是教师教学中的重要任务。具体来讲，教师可采用以下几种方法来引导学生记忆词汇：

（1）归类记忆

①按词根、词缀归类。英语中很多词都是由词根、前缀和后缀组成的，因此教师可以引导学生利用构词法来记忆单词，并逐渐扩大词汇量。例如：

sub-（表示“下、次、分”）：subnormal（低于正常的）、subway（地下通道）、subheading（副标题）、submarine（潜艇）。

re-（表示“再、复”）：react（反作用）、rebuild（重建）、reconsider（重新考虑）、reaffirm（重申）。

②按题材归类。在日常的交际中经常会涉及不同的话题，针对同一话题，教师可将经常出现的词汇归集在一起进行教授，以使学生对词汇有一个系统的记忆。

（2）联想记忆

联想记忆就是以某一词为中心，联想出与之相关的尽量多的词汇。这不仅是记忆单词的好方法，也是培养学生发散思维的好方式，教师可尝试采用这一策略来帮助学生记忆单词。

（3）阅读记忆

除上述方法外，阅读记忆也是一种行之有效的方法。学生可以根据阅读材料中提供的上下文语境来记忆单词，这样能够帮助学生准确理解和记忆词汇含义。阅读有精读和泛读之分，在具体的阅读中，学生应将精读与泛读结合起来，通过大量的泛读来巩固和复习已学习的词汇。

2.进行情景教学

英语词汇教学的目的不仅仅是丰富学生的词汇量，还包括培养学生运用词汇有效进行交际的能力。为了更好地让学生切实地理解并运用词汇，需要结合具体的情景采用情景教学法进行教学。情景教学是指教师通过语言、教学设备等工具为学生创设一个真实的，集听、说、看等多种感官于一体的语言环境，让学生接触到真实的英语情景，给学生提供使用英语的机会。情景教学法可以使学生深刻地了解和把握词汇的含义和用法，而且能使学生加深对词汇的记忆，这对提高学生的学习效率十分有利。

（1）课堂情景

教师在词汇教学的过程中，可以使用图片、实物、教具等材料创设一定的课堂情景，让学生有身临其境之感。例如，在教授描述颜色的词汇时，教师可以利用图片或实物进行颜色词汇的教学，充分调动学生的听觉和视觉，让学生真实地感受颜色词汇的含义和用法。

在教授描述天气变化的词汇时，可以借助多媒体设备进行词汇教学。通过多媒体技术将各种天气变化词汇以多图片、声音或者视频等形式呈现出来，让学生亲自感受不同的天气所对应的单词，这种词汇与情景相结合的教学方法有利于加深学生对词汇的印象，使学生能够充分理解词汇的含义，最终有利于促进学生词汇学习效率的不断提高。

（2）生活情景

学习词汇是为了将来能够应用于实际生活交际中，因此教师可根据学生的生活阅历创设一定的生活情景来更好地进行词汇教学。教师可以用一些辅助教学工具布置各种生活情景，将所学的词汇用于这些生活情景中，通过使用简单的句式进行词汇练习。通过生活情景的练习，学生在学习词汇时就会注重词汇的实际应用。

（3）表演情景

在学生积累了一定的词汇之后，教师应训练学生使用词汇的能力。教师可以为学生创设一定的词汇表演情景，促使学生将所学词汇以表演的形式呈现出来。常用的表演情景包括对话表演、歌曲表演、话剧表演等，这样可以有效锻炼学生使用词汇的能力，还能激发学生的学习兴趣。

3.开展语块教学

随着语料库语言学的发展，语块理论在语言教学和学习中的应用已经越来越受到人们的关注。根据刘易斯（M. Lewis）的语块教学理论，语块主要包括搭配、固定的短语或习语、半固定的短语或习语等。语块教学法在英语词汇教学中有着前所未有的意义，具体体现在如下几个层面：

①语块有助于词汇的记忆。首先，语块的意义往往需要置于一定的语境中，因此会比脱离语境的意义更加牢固、准确。其次，语块的构成成分间往往会受到语义搭配、语法结构的限制，因此人们在运用词汇时可以从记忆库中随时提取。最后，语块中的内部结构往往会根据需要进行改变，但是这种改变是有章可循的，因此不会造成混乱，学生使用的时候犯错的机会也比较少。

②语块有助于正确选取词汇。首先，语块往往是按照一定的规则形成的，因此以语块为单位的记忆不需要学生再特意去关注语法结构。同时，学生也可以防范母语的干扰，从而保证英语词汇运用的准确性。其次，人们在运用词汇时往往会做出大量的选择，而只有其中的一部分被认可，掌握大量的词汇语块有助于学生对这些词汇进行选择。最后，每一个词汇语块都附带其自身的语用功能，并以一定的语义场的形式存储在人脑中，语块可以使学生掌握一定的语用能力，从而提高语言交际的正确性和得体性。

③英语中具有大量且灵活的基本词汇，学生对这些词汇现象往往无所适从。学生的单词如果记忆不好，那么在口头交际和写作中会明显体会到词汇贫乏，从而丧失词汇学习的信心。但是语块教学法可以帮助学生树立词汇语块的学习意识，将这些词汇语块储存在学生的头脑中，使得他们在任何的语境中都可以做到信手拈来。

可见，语块教学法对英语词汇教学的意义非常明显。因此，在英语词汇教学中，教师应该以语块作为单位来呈现和教授单词。教师可以从以下几点做起：

①转移教学重心。在英语词汇课堂教学中，教师应转移教学的重心，将教学的重心从语法转向词汇，并鼓励和指导学生依据自己的需求大量吸收语块。有学者指出，语言表达的流利性取决于词汇型的交际，而不取决于语法型的沟通。中国学生总是习惯运用根据语法规则生成的句子来进行表达，而缺乏迅速将语块连接成话语的技能。因此，在英语词汇课堂教学中，教师应有意识地纠正学生机械背诵单词的不良习惯，重点培养学生对词汇的敏感性，让学生掌握辨认语块的方法，进而培养学生运用语块的能力。

②寻找语块。当学生了解了语块的意义后，教师在课堂教学中应有意识地锻炼学生寻找语块的能力。例如，在讲授某篇课文时，教师可对学生进行分组，并对课文进行分段，小组内共同讨论相应语段中出现的语块，然后小组派出代表将讨论的结果写到黑板上，供其他学生判断和讨论。在学生讨论过后，教师要对学生找出的语块进行充分的分

类和讲解，以加深学生的印象。

③进行语块产出训练。让学生了解和寻找语块，最终还是为了使学生能够应用语块，因此在学生找到课文中的语块之后，还需要对学生进行语块产出训练。例如，当课文中出现“have nothing to do with”这一语块时，教师就可以安排学生做课后相应的练习题，以锻炼学生产出语块的能力。

通过锻炼学生的语块识别能力，能够增强学生的语感，让学生大量记忆语块，提高学生语言表达的准确性和流利性，使学生在输出语言时更加自信。

4.实施文化教学

在英语中，很多词汇除了其基本含义之外，还蕴含着丰富的文化含义，文化含义对学生学习、记忆和掌握单词有着重要的影响。所以，在英语词汇教学中，教师应采用不同的方法在词汇教学中融入文化内容，以丰富学生的文化知识，并提高学生掌握单词的效率，进而提高学生的跨文化交际能力。

（1）直接法

直接法就是在教师进行词汇教学时，根据教材内容有意识地介绍一些文化背景知识及文化内涵词，这是词汇教学中最常用的一种文化导入方法。例如，当教师在讲解关于*Myth and Legend*（《神话与传说》）的课文时，可以先向学生介绍一些古希腊、古罗马的神话故事，然后再引入故事中的词汇，如Trojan horse（特洛伊木马）、Achille’s heel（致命的弱点）等。为了使学生更加直观、深刻地了解和记忆词汇的文化含义，教师可以借助多媒体手段，使学生对文章的文化背景有一个清晰的了解，从而让学生更好地掌握所学词汇。

（2）文化对比法

中西文化间的差异在词汇上有着显著的体现，因此教师在教授英汉文化中有着明显差异的词汇时，应将词汇教学与文化教学结合起来，通过文化对比让学生深刻地认识英汉词汇文化内涵的异同。例如，在教授lotus（莲花）这一单词时，可以通过文化对比的方式让学生来掌握这一单词。在汉语文化中，“莲花”是“正直、高雅”的象征，而在英语文化中，lotus却与懒散有关，如a lotus life（懒散、悠闲和无忧无虑的生活）。词汇教学通常是比较枯燥的，而文化对比教学则能增加词汇教学的生动性，并且在丰富学生文化知识的同时使其牢固掌握词汇。

（3）语境法

由于英语词汇的意义多存在于特定的语境中，所以英语词汇课堂教学也要结合一定的语境展开。脱离语境展开的词汇教学，即使学生已经记住了词汇的形式和意义，也无法真正掌握词汇的用法。因此，在英语词汇教学中，教师要深入到句子和语篇中，做到“词不离句，句不离篇”。例如，white 有“白色”“纯洁”“信任”等不同的意思，教师只有将其放入不同的句子或语篇中才能被学生理解。

当遇到某些生词时，教师可以将其置于一个语境中，由学生猜测词语的意义。

例如：Mr Li was a worker. He is over sixty. He is too old to work. He is retired now.

由该语境可知，retired 是“退休”的意思。

5.进行叙事教学

叙事教学法是在认知科学与叙事理论的基础上产生的，主要从认知和叙事的角度来组织词汇教学。具体来说，在英语词汇教学中，教师应该运用叙事化的手段，将教学过程、教材内容等设计和呈现出来，使学生能够身临其境，全身心地投入到学习中，并且使学生的认知更加艺术化和生活化，从而习得词汇。

所谓叙事化手段，就是运用叙事的形式来对一定的事件进行讲述。也就是说，它建立在一定的叙事和故事思维的基础上。叙事是对经验最好的理解和呈现，同时也是一个认知的过程，涉及一些情感、记忆等心智活动。在英语词汇教学中，叙事在词汇的搭配、形式和意义的联想以及语体特征等方面都会影响学生的理解和运用。它不仅可以强化学生的记忆，还可以培养学生的自主学习意识和能力。常见的叙事教学法的形式主要有以下三种：

（1）复述

复述分为两种：一种是简单的复述，另一种是较复杂的复述。简单的复述就是要求学生能够运用新掌握的词汇，对一段语篇或者材料进行叙述。这种简单的复述可以是一个简单的小故事，也可以是几个简单的小故事，但是最多不能超过三个小句。较复杂的复述就是要求学生能够运用新掌握的词汇来叙述较为复杂的语篇或者材料，这种复述要多于三个小句。

在教学中，教师往往会让学生对某一篇课文进行复述，但是这种复述并没有运用到学生所掌握的新词汇，而是运用的一些简单的或者之前已经滚瓜烂熟的词汇，这样的复述很难达到预想的效果。所以，教师在安排学生进行复述时，一定要让学生将新掌握的词汇融入复述中。

此外，教师还可以给学生布置一些任务，让学生运用掌握的新词汇来叙述自己的经历、身边的奇闻趣事、新闻等，可以采用口头讲述的形式，也可以采用写作的形式。无论选用哪一种形式，都有利于学生掌握新词的意义和用法，从而对新词汇进行巩固。

（2）创建和改编故事

复述主要是针对已有的材料来说的，这种方法在一定程度上是对学生创造力和想象力的束缚与限制。因此，教师可以让学生运用新词汇来创建和改编故事。例如，教师可以让学生缩写或者扩写一些比较熟悉的故事，或者教师可以让学生撰写一些实际的新闻等。

在创建和改编故事的过程中，教师可以给予学生一定的提示，如给学生出示一些写有新词的卡片，然后要求学生运用这些新词来发散思维，构建故事。这有利于学生把握词汇使用的环境及运用的意义，便于学生进行联想，从而在头脑中形成对该词的记忆。

（3）创设情景，角色参与

教师还可以创设情景，让学生扮演情景中的角色，如话剧表演、采访、小品等，这些都是能够让学生参与的比较好的形式。创设情景的叙事教学具体可以分为以下几步：

①将学生进行分组，指导学生对不同的故事进行构建。

②创建不同的叙事语境。

③让学生参与叙事活动，要求学生运用新词。

④让每组派代表进行叙述，或者各组之间交叉叙述。

在这样的叙事活动中，学生不仅熟悉了词汇使用的语境，还增强了对新词的认识和运用能力。可以看出，叙事教学法是一种新理念下的方法，它不仅能够激发学生的词汇学习兴趣，还能集中学生的注意力，开发学生的想象力与创造力等。但是，在词汇教学中，教师也需要注意以下三个问题，才能更好地将叙事教学法应用到词汇教学实践中。

第一，教师应注意把握好叙事教学法与记忆单词间的关系，从而保证叙事教学法能够更好地为英语教学服务。教师运用叙事教学法的主要目的是提高英语词汇教学的效果，但是如果教师不能准确把握词汇叙事教学的精髓，仅仅把它当作一种形式，那么就很难提升学生的词汇能力。教师不能单单只是讲解，而应该通过对叙事过程的讲解来激发学生的认知，让学生学会运用。具体而言，教师要注意正确理解叙事教学法的作用，注意方法与效果的关系，注意通过叙事过程能够加深学生对单词的记忆。

第二，叙事教学应该体现时代特征。随着时代的不断发展，英语单词的词义也在不断地发生变化。在这样的情况下，教师在运用叙事教学时要仔细研究每一个新词，能够让学生通过叙事来理解单词的含义。同时，教师要以新的时代形势作为依据，赋予单词新的含义。

第三，弄清楚叙事教学法与说课的关系，将英语词汇教学的内容做通俗化处理。在词汇教学中，叙事教学法能更好地体现说课。所谓说课，就是通俗化地讲解英语词汇课程。这样对于不同层次的学生而言，教师都可以照顾到，不至于让成绩差、词汇掌握不牢的学生听不懂。一方面，叙事教学法有助于说课内容的顺利完成；另一方面，说课有助于促进叙事教学法的发展。可见，二者是相辅相成的关系，只有处理好二者的关系，才能更好地开展词汇教学。

6.开展任务型教学

任务型教学法的核心是以学习者为中心，以人为本，注重信息的沟通，活动具有真实性，而且活动量较大。采用任务型教学法进行教学，可以有效激发学生的学习兴趣和内部学习动机，而真实自然的教学任务能够为学生营造语言运用的氛围，给学生留下深刻的印象，进而能够收到良好的教学效果。

在英语词汇教学中开展任务型教学法，要遵循四项基本原则，即以学生为主体、情景真实、阶梯型任务链、在做中学。此外，采用任务型教学法，关键的一点是设计好符合学生的各项任务。任务要具有可操作性，具有实际意义，能激发学生的兴趣和动机，让学生经历一些挑战、竞争，使学生感受到成功的喜悦，体验失败的遗憾，并深入挖掘学生的智慧潜能，使学生成为独立的学习者。具体而言，英语词汇教学的任务设计包含以下几个阶段：

（1）课前准备

课前，教师根据教学目标导入与课堂教学内容相关的主题，并设置好学生感兴趣的切入点，为下一步任务的实施做好准备。教师可以利用影音设备让学生通过跟读、复读和大声朗读等方式对已提供的生词建立起音、形、义的初步印象和概念。在词汇的口语和视听之间建立起联系，使学生在听到或要说到该词时能够迅速作出反应。

（2）任务准备

在学生对所提供词汇有一定的了解之后，教师就可以为学生分配和布置任务。需注意的是，任务设计、任务选择、任务执行等必须科学实际、灵活开放、以人为本，为生活服务，注重实践并讲求实效。教师也可以根据教学目标和教学内容等，采用多样化的任务形式，或者将两种或两种以上任务形式相结合。例如：听说结合；情景表演；分组讨论；单词串联，故事接龙；自编对话，奇思妙想记单词；表演自编故事；词形联想，找出规律；复述课文，强化记忆；每日几题，巩固词汇；等等。此外，根据任务的不同并考虑到教学效果，可以将学生分成几组，以增加互动性和竞争性。在这一阶段，教师要明确任务的要求和规则，以便为接下来任务的实施奠定基础。

（3）任务实施

在任务实施环节中，在对已提供词汇基本熟悉的基础上，学生将头脑中已有的知识体系与教师布置的任务相结合，充分发挥其主观能动性，积极主动地投入思考，通过成员间的交流不断完善旧的知识体系并建立新的知识系统，真正实现由被动学习向主动学习的转变。实践证明，动手、动脑是学生学习的最好方式。在这一过程中，教师的角色发生了改变，由传统的知识传授者变为任务的组织者和活动的监督者，其主要任务是鼓励和引导学生顺利完成任务，并适时提供帮助。在整个过程中，学生能够切实感受到自己是学习的主人，这样一来自然就能提高对英语词汇学习的兴趣。

（4）任务结束与评价

设置任务的最终目的是更好地激发学生的学习热情，提高学生的学习效率，实现教学目标。因此，在任务结束之后，教师可以组织学生互评、互测，及时发现问题和检验任务效果。针对学生出现的错误，教师要及时指出并更正，并且要给予有针对性的、以鼓励为主的评价，进而加深学生对词汇的理解和记忆。

（5）教学反思

在采用任务型教学法开展词汇教学时，有以下几点内容应引起教师的重视：

①要以激发学生的学习主动性为出发点。教师设计的任务要尽量真实，贴近学生生活，具有实际意义，使学生有话可说，让学生能够积极参与到任务中来。在词汇的教学过程中，游戏是一种激发学生学习主动性的有效方式之一。竞赛游戏更是利用小组成员内部的合作和小组之间的竞争代替了乏味的单词听写，能使枯燥的词汇学习增加了更多的趣味性。学生在充满学习乐趣的环境下容易记住需掌握的词汇。

②教师应为学生提供及时的帮助。在任务教学中，教师是任务完成的帮助者，应在布置完任务后，尽快到学生中间去，帮助他们解决在完成任务过程中遇到的问题。在单词建构阶段，有些学生可能存在发音问题或无法理解新词在书中的用法，此时教师就应及时提供帮助，以免学生的积极性受到不良影响。

③面向全体学生，尽量让每个学生都可以体验成功。任务型教学既要充分考虑每个学生学习的个体差异，又要最大限度地促进每位学生的充分发展。此外，任务型教学还要考虑任务的难度，过易，则达不到训练学生的目的；过难，则容易挫伤学生的积极性和自信心。因此，任务型教学的核心是要求教师根据学生的水平差异，设计不同层次的任务，力求使每个学生都得到有效的发展，这样学生才能感受到成功的快乐，从而产生

更持久的学习热情。

④教师要及时总结课堂教学。在课堂教学中，教师要及时对教学情况进行总结，包括对学生成果展示的评价以及对所学单词用法的补充。对学生成果展示的评价要有针对性，要及时纠正学生在完成任务时所犯的错误，善于发现学生的闪光点并及时给予表扬。采用任务型词汇教学，不能单纯靠学生执行任务来完成对词汇的学习。教师需要在学生任务结束之后进行补充，并将教学内容加以归纳总结，帮助学生抓住要点和难点。

二、基于翻转课堂理论的英语词汇教学实践

（一）借助导学案开展课内翻转

课内翻转对于教学的硬件要求相对较低，即便校园没有实现 Wi-Fi 全覆盖，即便学生不能每人都有电脑或者平板电脑，也无须学生做课前准备，方便教师日常教学的课堂安排与实施。在课堂前半部分时间，由学生自主进行知识的学习；在课堂的后半部分时间，学生通过小组活动、质疑讨论、训练展示等方式，达到对知识的内化，同时方便教师全程参与学生的学习，监督学生对学习时间的控制，可以很好抵制网络对学生的诱惑，提高学生学习的效率。

学生先利用课堂前半部分时间自主学习，然后师生互动共同利用课堂的后半部分时间。学生可以进行小组的探究学习，以导学案作为整体知识框架的支撑，教师把导学案作为一种教学资源应用到教学中，为学生清晰呈现知识，让知识的输入没有阻碍。

（二）借助微信开展家校翻转

语言类课程重视教学情景的展开和语言环境的再现，要以学习者为中心，与多媒体技术更好地整合。教师应指导学生相互协作学习，并通过移动技术的应用使知识学习过程与日常生活融为一体。以微信作为翻转课堂课前知识输入的电子平台，极大地增强了师生间交流的实时性、互动性和有效性。

首先，微信为师生间的学习提供了电子平台。教师可以将自制的微视频、PPT 等资料分享给学生，还可以跟学生分享优秀的微信公众号，与学生分享优质的学习资源。其次，微信可以为师生间的交流提供平台，师生之间、生生之间都可以运用文字、语音或

视频的方式来进行群体交流或者个别交流。最后，教师在学习过程中，在帮助学生的同时也可以通过学生的提问、质疑，学生的参与度，以及学生的课堂表现和学习效果等，对学生的学习进行形成性评价。例如，通过微信的语音聊天功能，让学生朗读单词或词组，或者用群发视频的方式，让班级同学欣赏某位同学的英语朗诵等。

对课上学习的拓展是将课堂延伸到课后，有意识地让学生把所学的知识置于一定的生活背景下，给学生设置情景，让学生运用所学词汇，如此能更加方便教师检测学生对单词的读音、拼写和用法是否掌握到位。也可以就当堂课学生单词掌握的实际反馈，让学生着手准备辩论话题。例如，可以设计一个话题“Whether to be a vegetarian or not?”由学生自己选择正方和反方，再让学生进行真实辩论，给学生一个实际运用课堂已学词汇的机会，也让语言学习充满趣味性和实用性。

对此辩论话题，可借助微信实施家校翻转，教师通过微信在课前为学生提供如何做辩论的指导，如告诉学生辩论的原则、辩论的技巧、辩论的具体方法，学生课前自主学习，就“是否做一个素食主义者”在课前做好充分的辩论素材准备，通过微信与教师或同学保持适时交流。在课堂上，抽选正、反方的小组参与辩论，强化学生对所学的有关“vegetarian”词汇的使用。课后，教师要及时做好总结，将学生的共性问题及时反馈给学生，而学生则要及时反思与巩固。

总体而言，课前，教师可以借助微信指导学生如何陈述自己的观点，可以用哪些常用句式表达观点或发表意见，学生首先选定“to be a vegetarian”或“not to be a vegetarian”，然后整理自己选择这一方观点的理由。课堂上，学生通过小组讨论等交流形式，彼此启发、彼此学习，寻求最佳的观点表达方式；教师在教室巡视，参与每个小组的交流，及时解决每个小组的提问。讨论结束后，由各个小组选派的代表上台发言，为大家讲述各自小组的观点以及理由。课后，学生将自己的观点和理由落笔成文，及时整理课堂上遇到的问题及教师指出的问题，做好总结和反馈。

第二节　翻转课堂模式下大学英语语法教学

一、翻转课堂理论与英语语法教学相结合的原则

（一）注重教学内容之间的相关性

英语语法教学的主要内容相对零碎，学生的思维容易跳跃，很难一直保持高度的学习注意力，也很难将不同的知识点进行内在关联。根据学生动机激发的原理，如果学生发现学习内容之间的联系，不仅会在主观上感受到知识的易获得性，也有助于激发自身的探索和求知欲望，提高学习效率。因此，教师在进行课堂设计时，应该着重研究如何将零碎的知识点通过某种方式联系在一起，设计成与学生学习、生活息息相关的任务或活动等，在语篇中教授语法，不断提高学生的语言应用能力。

（二）教学活动分组遵循“组间同质，组内异质”的原则

在课堂活动中，以小组为单位协同进行知识的学习和探究是比较常见的一种学习方式，小组成员的知识结构、学习能力、学习积极性和主动性等因素，都会对小组学习的效果产生很大影响。所以，分组的方式就显得尤为重要。在分组时应从以下两方面入手：

①小组成员的英语水平应存在一定差异，或英语能力各有所长，这样有利于组员间取长补短，实现互相帮助、互相促进。

②每个小组都应有一个组长，一般由英语基础较好、有领导能力的学生担任。在小组学习或讨论的过程中，组长起到组织和监督的作用，督促小组成员积极参与学习和讨论，确保小组活动顺利完成。

科学、合理的分组不仅能够提高小组成员学习、讨论的成效，使小组每一名成员都能从中有所收获，而且能为教师的教学活动起到很好的辅助作用，促使教学活动呈现最佳的教学效果。

（三）鼓励学生自主发言

在英语语法翻转课堂中，借助于课前自学、课中讨论，大部分学生基本上能够理解并掌握语法知识点，然而这些知识是零散的、与现实分离的且不具现实效用的知识。因此，在翻转课堂教学模式下，不仅要注意学生与学生之间的讨论，还要注重课堂讨论结束后的学生自由发言，以此来锻炼和提高学生的语言表达能力。为鼓励学生发言，教师可设计一些有趣的活动，如融入与当节课堂知识点相关的游戏竞赛、情景模拟等，激发学生的表现欲望，分享彼此的学习成果和经验。

（四）加强个别辅导

翻转课堂强调学生课前自学、课中讨论，是一种教师引导、生生交互的教学模式，在教学活动中，教师退居“二线”，其角色由主导者变为引导者，帮助学生完成学习任务，并实时观察和监督学生的学习表现，只在必要时给予学生适当帮助，课堂交流基本发生在学生之间，教师与学生的交流并不多。众所周知，即便有设计好的教学活动，不同学生对知识点的理解可能也会存在偏差，加上部分学生的学习能力有限，在自主学习受阻的时候，急需教师来答疑解惑。因此，教师应该在课堂教学活动设计中加入个性化、差异化辅导，为学生免除后顾之忧。

（五）学习评价应遵循多元化原则

对学生学习能力的评价应遵循多元化原则。在翻转课堂教学中，教师应始终坚持“以学生为中心”，引导学生进行独立探索和小组协作的学习，强调师生的共同参与。而对于学习评价，也需要师生的共同参与，可以采取以过程性评价为主、终结性评价为辅的评价方式。采用这种评价方式有助于督促学生及时完成课前的视频观看和学习任务单，从而更好地挖掘学生的潜力，提高其自主学习能力。

二、英语语法翻转课堂教学的流程

具体而言，英语语法翻转课堂教学的流程主要包含六个阶段：教师课前准备阶段、学生课前学习阶段、教师与学生课前互动阶段、学生课堂检测阶段、学生知识内化阶段和学生知识巩固阶段。

（一）教师课前准备阶段

在翻转课堂中，教师通过网络平台的教学视频来完成知识的传授，因此在课前会要求学生认真观看教学视频，这是进行翻转课堂的前提。同时，为了提高学生学习的积极性和主动性，教师可根据教材特点和课程内容设计自主学习材料，此任务单也包括课前和课中两部分，学生在观看教学视频后完成课前部分，教师根据学生的完成情况和提出来的疑难问题设计相应的授课课件。

（二）学生课前学习阶段

在新单元讲解之前，学生可利用周末时间认真观看教学视频，并通过完成学习任务单来掌握自己的学习进度，对存在疑问的知识点进行自主思考，并认真做好笔记，记录下自己发现问题、思考问题、解决问题的过程、方式和结果，以便在课中与同学进行充分讨论，互相分享学习经验。

（三）教师与学生课前互动阶段

学生在观看视频和完成学习任务单时，遇到困难可通过班级交流群进行讨论，学生在进行讨论时，教师应仔细观察、记录学生的情况，并适时做出指导。讨论过后，若学生存在疑问，可将疑问写在任务单上，教师收回任务单并批阅，并结合交流讨论情况和任务单完成情况适当调整课堂活动内容。

（四）学生课堂检测阶段

学生在课前已借助网络资源平台和学习任务单完成了语法知识的学习，因此课堂教学的前 3～5 分钟可用于检测。课堂检测不仅能进一步了解学生的掌握情况，还能帮助学生归纳、总结所掌握的语法知识，为小组活动的顺利进行奠定基础。

（五）学生知识内化阶段

学生主要通过小组活动的方式进行知识的内化。分组的过程中要遵循“组间同质，组内异质”的原则，每个小组的人数应该固定在 4～6 人。每个小组选派一名组长、一名汇报发言人、一名记录员，尽量为小组内的每一名成员都分配适当的角色和任务，这样可以使每一名学生都参与进来，避免出现“偷懒”的情况。在小组讨论的过程中，教师要不断地巡视，避免小组讨论流于形式。可见，小组讨论营造了浓厚的课堂学习氛围，促进了学生对语法知识的理解与运用。

（六）学生知识巩固阶段

在小组讨论结束后，每个小组选派一名同学发言总结，最后教师做点评。点评结束后，教师对本节课所涉及的语法知识及学生遇到的问题进行总结，旨在巩固学生习得的语法知识，并加深其对语法知识的记忆。

三、英语语法翻转课堂教学的辅助策略

（一）进行归纳和演绎教学

1.归纳教学

归纳教学法是一种发现型教学方法，通过分析，总结语言使用规律，深化学生对语法的理解，提高学生发现问题、解决问题以及对比、归纳的思维和能力。归纳教学法具体包含三个步骤：一是观察，二是分析和比较，三是归纳和概括。具体而言，归纳教学法先由教师呈现一些具体的语言材料，这些语言材料中包含所要学习的语法规则。之后，教师引导学生在这些语言材料的基础上归纳、总结出语法规则。教师在呈现语言材料的时候可辅以图片、实物、视频等直观材料，为学生创设一个真实的情景，这样在激发学生积极性的同时，能帮助学生建立语法规则与语言情景之间的联系，而且能避免教师“填鸭式”教学的弊端。

2.演绎教学

演绎法是英语语法教学中常用的一种教学方法。采用演绎法进行教学就是先引导学生初步了解语法规则，然后通过举例验证所学的语法规则。演绎教学法主要包括三个步骤：一是提出语法规则，二是举例说明，三是解释语法规则。语法教学中采用演绎法进行教学实际上是一个从理论到实践的过程。

演绎法的具体运用通常有以下两种形式：

①模仿造句。模仿造句是以给出的例句为样本进行造句练习。例如，教师为学生提

供下列短语与例句：

短语：green lawn、lovely dog、clean house、pretty garden、Helen；

例句：Paul has the nicest house in the town.

学生可能输出下列句子：

Helen has the greenest lawn in the town.

Helen has the loveliest dog in the town.

Helen has the cleanest house in the town.

Helen has the prettiest garden in the town.

②变换结构。为使学生通过实践更加深入地体会与使用语法知识，教师还可以要求学生用给出的指示词将例句的语言结构变换为另外一种类似的结构。

例如，教师要求学生根据不同时态中动词的变化规则，运用所给的副词或副词短语来变换句子：

Students have maths and chemistry today.（tomorrow, English and music）

Now Tom works in Nanjing.（ten years ago, Beijing）

Lily usually has breakfast at seven.（this morning, nine）

学生可能输出下列句子：

Students will have English and music tomorrow.

Ten years ago，Tom worked in Beijing.

This morning Lily had breakfast at nine.

这种教学方法一般适用于有一定难度且学生很难靠自己总结出规则的语法项目的教学，其不仅直截了当、省时省力、教学效率高，还能较好地提高学生学习的自信心与积极性。但是，演绎法也有其不足之处，它往往将大量时间和精力用于语法规则的讲解上，练习方式比较机械、枯燥，使学生失去了自己观察、分析、发现以及解决语法问题的机会。

（二）进行语感教学

语感是人们对语言的直接感受能力，是系统综合的语言行为能力，它是对语言的语音、语义、语法、语气等自觉综合运用所产生的激活效应。在语法教学中，应该注重培养学习者的语感，因为语感有助于学习者正确把握和判断语言。一般情况下，教师可以从以下几个层面进行引导：

1.朗读

朗读是培养学生语感的一种行之有效的方法。一些学生总会因为自己语音不标准而被他人嘲笑，还有一些学生没有朗读的习惯而不愿意进行朗读。针对这些问题，教师应该在每节课前让学生朗读几分钟的课文，通过一段时间的积累，便能取得显著的成效。

2.背诵

教师可以引导学生通过背诵来增强自身的语感。但是，由于学生之间本身语言能力的差异性，因此要求教师从学生的实际情况出发选择不同的标准，真正做到因材施教。长时间坚持背诵，不仅可以增强学生的语感，还能使学生的口语和书面表达能力大大提高。

3.积累

在英语语法教学过程中，教师可让学生在课余时间收集一些名言名句、优美的短文，并要求他们经常翻阅或背诵。名句短文多短小精悍，语句优美，读起来朗朗上口，在不断翻阅和朗读的过程中，学生自然而然就会运用了，并会有意识地去模仿，久而久之，学生的语感就自然会得到提高。

（三）进行对比分析

因英汉文化背景的差异，英汉语言也有着各自的特点，两者也呈现出较大的差异。据此，在英语语法教学中，教师可采用对比分析的方法来开展教学工作。

我国学生大多都是在汉语环境下学习英语的，固定的汉语思维模式必然会影响学生的英语学习，而这也会给教学带来一定的阻碍。此时，教师可在了解学生学习规律的基础上，在语法课堂教学中采用对比分析法进行教学。教师应让学生认识到文化差异对语法学习的重要性，并使学生了解英汉语法的各种差异，这样就可以降低母语思维的负迁移，帮助学生更加有效地掌握英语语法知识。

英汉两种语言在语法方面呈现出诸多的差异，如英语中有名词单复数的变化，但汉语中没有；英语中的动词有时态变化，但汉语没有；英语定语往往后置，而汉语定语多前置。例如：

The two books I bought yesterday in a book store are written by a famous writer.

译文：我昨天在书店买的两本书是一位著名作家写的。

通过上述英语原文和汉语翻译可以看出，无论在定语还是谓语上都有着显著的不同。如果不了解英汉语言在结构上的差异，很可能会按照汉语思维来表达英语句子，进而就会出现很多的语法问题。再如：

If any of the joint ventures wish to assign its registered capital，it must obtain the consent of the other parties to the venture.

译文：合营者的注册资金如果转让必须经合营各方同意。

英语重形合，因此在句式组成中习惯将重点提前，在例句中便形成了主语凸显的结构；汉语重意合，主要关注句子表达的含义，因此在上例的翻译中凸显了主题。

（四）实施任务型教学

学生学习语法的最终目的是运用语法，所以将任务型教学法运用于英语语法教学是一种不错的方式。任务型教学法融合了交际教学法的理论和研究成果，以任务为中心，注重学生的主体地位，根据学生的不同水平创设不同的任务化活动，在学生完成任务的过程中调动学生的学习内驱力，锻炼学生发现问题、解决问题的能力，培养学生的合作意识，让学生感受到完成任务后的喜悦，发挥学生的潜能。任务型教学法在英语语法教学中的实施具体包含以下三个步骤：

1.任务前阶段

这一阶段的主要任务是做准备工作，以便为接下来的活动提供保障。在这一阶段，教师的主要任务是让学生了解任务的主题以及要达到的目标。教师可采用不同的方式引入主题，如展示图片、组织学生讨论等。教师还要提前预测并解决任务中可能出现的问题，如教师可以提供某些词语或词组，让学生听录音或听课文等。这些准备对帮助学生回忆词语，有效完成第二阶段的活动十分有利。

2.任务中阶段

任务中主要分为三个环节。第一环节是执行任务，教师可以组织学生以结对子或分小组的形式完成任务。在这一环节，学生可运用所学的知识表达思想，内容可以围绕与主题相关的材料进行。教师可给予学生必要的帮助，但不能干预学生的活动或对学生的错误进行纠正。第二环节是策划，学生可以草拟或预演下一环节的书面内容或要说的话。教师可就学生的活动情况提供帮助，学生此时也可向教师提问。第三环节是报告，教师让学生汇报任务成果，然后对汇报的内容进行点评。

3.语言点阶段

这一环节具体包含两个方面的教学，即分析和练习，目的是促使学生了解语法规则，并通过练习巩固所学内容。在这里，分析并不是指语法分析，而是教师根据课文设置一些与语言点相关的任务。在练习阶段，教师可根据具体内容组织各种练习活动，如朗读词语、完成句子等，以巩固学生的知识。

（五）开展语篇教学

语法并不是纯形式的条条框框，而是与人类认知相联系的。例如，在大学阶段，学生的认知能力有了一定的发展，就能够理解对语法规则的合理解释，因此大学阶段的语法教学应该注重对学生语法规则的内化以及语言运用能力的提高。语篇教学法突出语言结构在语言实践中的功能和意义，因而能够满足英语语法教学的要求。

传统的语法教学仅仅是分析单个的词语或句子，很少涉及语篇分析，这样的语法教学仅仅使学生了解了语法的表面结构，而不能从句子内部了解句子的意义和语法关系。随着语法教学和语篇研究的不断发展，将语篇研究运用到语法教学中可有力地消除传统语法教学的弊端，从而建立语篇语法。总体而言，语篇语法教学更能从本质上阐述语法的实质，这样更容易让学生理解和接受语言的生成机制以及语言的无限表现力。因此，教师要注意将语篇教学法应用于语法教学中，尽可能地激发学生对语法学习的兴趣。

语篇教学法是指语法教学应以语篇为基础，引导学生对语篇进行整体的语法分析，解析语篇中涉及的语言使用情景的目标语结构及其语用目的，帮助学生强化语法形式和结构意识。

第五章　翻转课堂模式下
大学英语听说读写教学

第一节　翻转课堂模式下
大学英语听力教学

我国大学英语教学改革在不断推进，英语听力的重要性也逐步彰显。学习一门语言，总是先听再去模仿，最后形成语言思维逻辑。

一、大学英语听力教学概述

（一）什么是“听”

在学者认为，“听是一个包含主观能动性的过程，它涉及听者信号的主动选择，然后对信息进行编码加工，从而确定正在发生的事情以及发话人想要表达的意图。”

有学者对“听力理解”进行了专门的探讨后认为，“听力理解涉及的对象是第一语言和第二语言，所要做的事情就是弄懂这两种语言。但是，对这两种语言的理解是有本质区别的。其中，对第二语言的听力理解比较关注语言的结构层面、语境、话题本身以及听者本身的预期。”

还有学者特别指出了“听”和“说”的内在联系，他们认为要想成功地“听”，还必须在“说”上下功夫，但是“听”也受到其他声音信息和画面信息的影响，这就要求听者在已有经验的基础上根据语境对话语进行准确的把握。另外，“听”不是单一的，而是一种连续不断的处理过程，包含以下几个部分：

①如何对语音进行划分。

②如何对语调形成一种认识。

③如何对句法进行详细的解读。

④如何把握语境。

大多数时候，上述过程是在人们的无意识中悄悄进行的。

此外，他们还就“听”和“读”的联系与区别进行了阐释，并认为与“读”相比，“听”的作用更加显著，具体包含以下几点：

①让人感受到一种韵律的美。

②让人产生一种追逐速度的急切心理。

③对信息的加工和反馈都在最短的时间内完成。

④耗时较短，通常不会重复进行。

“听”与“读”都是一种对信息的输入，但是在大学英语听力教学中，教师不应将“听”看作阅读的声音版，而应该认真研究“听”的本质属性，并据此去组织教学，从而帮助学生获得一定的听力技能。

（二）什么是“听力理解”

从信息论的角度来讲，听力理解是对信息进行认知加工的过程。“听力理解”呈现出以下几个特征：

1.时效性

时效性是指听力理解要求听者在一定的时间内高效地对声音信息进行加工。要做到这一点，听者需要认识到时间的紧迫性并且能够快速地判断。声音信息输入的流线型特点同样要求听力理解具有时效性。听力理解是否具备时效性，往往成为衡量一个人听力水平的一个关键指标。

在大学英语听力教学中，教师可以向学生详细介绍听力理解的时效性特点，这样可以督促学生制订出更好的听力计划，促使学生监控和评估自己的听力能力。如果想要保证理解效度的最大化，听者就需要解决自身的听力时效性，如果不能解决这一问题，那么听者就很难理解发话人接下来的话语。

2.过滤性

过滤性是指听者在听力理解的过程中能够准确地筛选出有用的信息，剔除那些无用的甚至是干扰的信息。简单来讲，过滤就是“抓关键信息”。

显然，听者不需要原原本本地将听力内容在头脑中放映一遍，但是必须能够把握住听力内容的中心思想。因为听力理解的内容是一连串连续性的语言符号，听者必须从整体上把握内容，而不是孤立地关注某一个音素。想要把握听力内容的中心思想，不偏离听力内容的大方向，就必须先获取发话人的“主题”，然后围绕这一主题探索事件的时间、地点、过程以及发话人的思想情感等边缘要素，主题和边缘要素存在着一种内在的连贯性。

3.推测性

推测性是指听力理解是通过推理进行的。其实说到底，只要是含有理解的行为，就少不了推理的存在。说得具体一点，推理就是依靠自己的主观能动性不断验证先前假设的认知过程。

在一次完整的推理中，有两个环节是必不可少的，首先是预测将要发生的事情，其次是对结果进行推断。当然，这两个环节有其存在的前提，也就是我们不能做无缘无故的预测，而是要根据已有的知识经验来推测未知的事物。已有的知识经验和未知的事物之间是有着内在关联的，听者需要通过这些显性或者隐性的关联来寻找发话人的信息，从而推测发话人的意图。

4.情境性

情境性是指听力理解是发生在特定的时间、场合之下的，时间、场合就构成了听力理解的情境。随着时间和场合中任何一方面的改变，情境就会改变，这就引起了不同听力情境的发生。

听者之所以要关注听力理解的情境，是因为这些情境中包含着很多重要细节，它们决定了听者对话语意义的理解，也为即将产生的话语提供了理解的线索。在日常的听力教学中，教师要提醒学生注意情境，有意识地提高学生对情境的敏感度，从而促使学生对话语有更准确的理解。另外，教师应该尽量为学生创设真实的情境，因为语言的运用就是在真实的情境下发生的。

5.共振性

共振性这一概念是从物理学中移植过来的，表示一种瞬间感应性。听力理解具有共振性，是指听力理解是在对应原则的基础上发生的，有着自己独特的经验和惯性。

具体来讲，在听力理解中，一些新信息不断地刺激大脑，从而激活大脑中的已有知识，新知识和已有知识之间的交流就是共振。那也就意味着，一个人拥有的知识总量和他的感知能力的高低是成正比的，和他的共振效率也是呈正相关的。听力理解的共振性和信息加工理论中的“编码—解码”程序具有很大的关系。

（三）大学英语听力教学的现状

1.教师端

虽然在全球化的影响下，一些先进的听力教学理念不断涌入国内，但是一线教师由于主观或者客观上的阻碍仍然难以摆脱传统教学观念的指引。目前，在大学英语听力教学中，教师方面存在以下几个不足之处：

①教学目标和模式单一。在应试教育背景下，一切课程的学习似乎都是为了在考试中有好的表现。听力课的课时本来就很有限，在这样的教学目标的指引下，学生不得不通过题海战术来应对听力考试，而这样的模式会让学生感到乏味。

②教学内容不丰富。目前，听力教学主要的依据还是教材，教材的内容相当有限，而且有的教材并不十分先进，这就使得听力教学的质量大打折扣。何况现在正处于互联网时代，知识更新速度快，信息传播快且无边界，学生希望从这个包容的世界里获得更多信息。仅靠教材上的内容，显然难以抓住学生的注意力。

③教学方式有缺陷。由于高校里英语教师的配置有限，因此像英语这种课程基本还是沿袭大班授课制，这样就很难实施个性化教学。

④教学评价体系有失公平。学校对学生评价的依据主要是学生平时的成绩和期末考试成绩，其中期末考试成绩占据的比例还是要大一些。其实这种做法有待改进，只有将平时成绩的比重提上来，学生的活力和热情才能更好地被激发出来。

针对以上不足，具体的强化路径如下：

①引进新的教学模式。在如今的信息技术时代，翻转课堂作为一种新的教学模式吸引了学界的颇多关注，无论是研究专家还是教育一线工作者都在讨论它。翻转课堂的特色在于重新调整课堂内外的时间，真正将学习的决定权还给学生。教师提前给学生布置好学习任务，让学生通过视频讲座、广播等形式完成自主预习，然后学生带着预习的成果在课堂上参加教师组织的任务性活动、交流性互动，以此促进学生进一步消化知识。翻转课堂看似简单，实则需要满足一些条件。

首先，教师必须精心挑选输入的素材信息，需要广泛地从教材、网络、课外书籍中选取素材，素材的内容要贴近现实或具有时事性质，如名人演讲、获奖影片的片段、时事热点等，这样才能激发学生学习英语的热情。

其次，通过少数生词的讲解引入背景知识，促进学生对背景知识的迁移，从而提高他们对听力内容的预测能力。

再次，在课堂上的小组任务活动中，每个组选出一名学生代表展示本组的预习成果，并由教师打分，以便最后的评比。小组可以就视频内容进行表演活动或者其他的一些互动，总之就是要让英语变得更有趣，这样还可以附带地培养学生的合作精神。

最后，有限的听力课时对于达成教学目标而言是远远不够的，因此学生要充分利用课后时间，利用移动设备进行大量的听力训练，这样才能真正提高听力水平。

②建立多元化的评价体系。在评价学生的听力时，评价标准不能一成不变。另外，评价的标准也不能只是突出成绩，还要关注学生在听力学习中投入的精力、心思和情感态度。教师需要让学生形成一个评价小组，首先让学生进行自我评估，其次小组成员进行相互评价，最后教师根据学生的课堂表现、进步大小以及成绩进行评价。这样多元化的评价才能让那些评价分数高的学生获得成就感，同时也不会打击评价分数低的学生的英语学习积极性。

2.学生端

在听力教学过程中，学生方面的弱点突出体现在以下几个方面：

①语法不严谨。学生表达出的英语句子存在结构混乱的情况，有的甚至是词语的机械叠加，这在一定程度上会影响到听力教学的效果。

②缺乏文化知识。有的大学生在中学阶段所掌握的文化知识非常少，以至于无法在大学时进行广泛的英语阅读，这些会导致听力教学效果不佳。

③英语学习习惯欠佳。有的大学生在课外很少进行听力和阅读的训练，并且记单词时只注重单词的拼写而不注重语音，这也给听力教学造成了很大的障碍。

针对以上弱点，具体的强化路径如下：

①教师应该将英语学习目标明确地告诉学生，并确保学生理解和认同这种英语学习目标。只有目标明确了，学生才会变得更加主动，努力去提高英语能力。

②教师要重视和学生之间的情感互动。教师应在学生中间创造一种包容的人际氛围，这样有利于提高学生的积极性，并消除可能存在的焦虑感。教师要更多地关注性格内向、总是保持沉默的学生，要让他们的英语学习情绪放松下来，不断增强他们的学习成就感，从而使他们逐渐建立自信。

③教师应该将有关单词的构词法知识传授给学生，这样有利于学生对词汇有一个更

全面的认识，也有助于词汇的记忆和理解。

④教师应该按照“组间同质，组内异质”的原则建立学习小组，由英语听力较强的学生担任组长，协助教师为学生纠正英语语音。组长主要起到督促学生纠正语音的作用。

⑤为了让学生了解更多的文化知识，教师可以适度地引入与英语国家的习俗、生活方式、思维方式、人文地理等相关的素材，这些可以穿插在各种不同的情景对话中，也可以采用英文歌、英文电影、广播节目、网络视频等形式。另外，教师还可以进行中西方文化的对比，这样能让学生对文化理解得更深刻。

（四）大学英语听力教学的原则

1.进行充足的文化输入

（1）给予声、像、图、文等多种信息刺激

如今的信息技术非常发达，我们可以将信息技术的优势充分发挥在听力教学中。在听力课堂教学中，教师可以利用多媒体技术提供声、像、图、文等多种形式的信息刺激。

第一，学唱英文歌曲可以很好地辅助英语学习，特别是英语听力的学习。

第二，通过看电影等直观的方式也能纠正学生不标准的语音，并学习地道、自然的发音。

第三，信息技术的开发使许多英语听力网站应运而生，这些网站内容丰富、版块健全，能够为学生提供一个充分体验视、听美感的平台。

这些方式可以有效地弥补传统教学手段的不足，在轻松、愉悦的氛围下激发学生的学习热情，增加学生接触语言文化材料的机会。

（2）将精输入和泛输入相结合

①精输入就是精听。这就要求教师详细讲解听力教学中遇到的基本句型，反复播放难以听懂的部分，或者对学生难以理解的句子进行解释。在学生回答问题时，不要因为他们的错误而中途打断他们，而应该让他们换一种表达方式，这样才不至于引起他们的焦虑情绪。

②泛输入就是泛听。泛听注重的是听的广度，讲究听大意和中心思想。因此，学生要力求做到在最短的时间内听最多的内容。要保证这一点，需要将听力材料的难度降低到一定程度，将生词量控制在5%以内，这样就能确保内容的可理解性。

2.引导学生重视语境

这里所说的语境指听力材料中某个词或某个句子前后的内容。一个语言单位只有放在具体的语境中，它的意义才是真实的。语境还包括文化语境，它是指听话者或者说话者所属的语言社团的文化。在跨文化交际中，人们总是习惯于按照自己的文化标准来判断对方，这样就容易造成误读。

英语教师有意识地指导学生去提高听力技能，让学生利用文化语境来理解意义。实际上，学生之所以感到听力困难，主要是因为听力技能的薄弱，他们无法将零散的语言单位整合成有意义的语言事实，也不能将正在听的内容和已有的经验相结合。听力理解的过程其实就是预测、调整和证实语境的过程。预测便于学生确定有用的信息，进而可以有选择性地听，这样就大大节省了时间。

二、翻转课堂模式下大学英语听力教学改革的意义

随着“互联网＋”时代的到来，翻转课堂作为一种全新的教学方式在高校的英语教学中备受青睐。翻转课堂教学模式符合英语专业技能训练的教学规律，充分利用了现代化教育手段，体现了教师主导、学生主体的教学思想。英语听力水平的提高其实是一个不断积累、逐渐提高的过程，是一个非常需要时间进行练习和实践检验的过程。通过翻转课堂，教师可以有效地解决听力课程在课堂教学时间上的局限性，提高听力课程的教学效果和教学质量。

翻转课堂在听力教学方面有着传统听力教学模式没有的特性。把翻转课堂这一教学模式应用到大学英语听力教学中，不仅能够增强师生间的互动，而且能够提升课堂的教学效率。在翻转课堂教学模式下，改革大学英语听力教学的意义重大。

（一）提高学生的综合能力

以英语听力为代表的英语专业技能类课程不应再仅限于培养学生的语言技能和专业知识，而应更加重视学生的思辨能力、实践能力、自主学习能力等语言外专业素养的提高。通过采用翻转课堂教学模式，听力课程从以往“填鸭式”的教学方式转变为课前学生自主学习、课上教师精讲和生生互动、课下学生巩固提高的新型教学模式，实现了全程教学、全员参与，有助于学生专业能力和综合素养的同步提高。

（二）激发学生学习的积极性

翻转课堂应用在大学英语专业听力教学中，能够有效地解决传统听力课程教学的枯燥和乏味，最大限度地激发学生的参与性和积极性。翻转课堂允许学生在任何时间和地点进行学习，这就使学生能够自主选择学习的时间，能够根据自己的情况在最想学习的时间进行知识的学习和问题的讨论，能够有效保证学习效率的提高。通过网络学习平台，学生还能从教师提供的听力材料中选择自己感兴趣的材料进行重点学习，如可以选择自己喜欢的电影主题曲或动画片插曲进行学习，这能让学生保持对听力课程的学习兴趣。

（三）翻转课堂下语言输入数量具有累积性

克拉申语言输入理论的一个要点就是语言输入要有足够的量。在听力课堂中，一定要向学生输入足够的内容，如果没有输入，就没有内容可以吸收，学生的听力就不会提高。英语听力的提高需要不断的积累，积少成多，由量变转为质变。传统听力教学模式是教师在听力课堂上输入知识，不断播放听力资料，学生通过认真听和做作业的方式吸收课堂内容，但是在有限的课堂时间里，要无限拓展实训内容是不可能的。

翻转课堂则彻底打破了这种灌输式的课堂。课前，学生可以在任何地点和时间学习自主学习平台的内容，自由选择听力的内容，课上可以和教师面对面交流学习过程中发现的问题，最后在教师的指导下对信息进行理解、消化。

三、翻转课堂模式下的大学英语听力教学创新方法

（一）翻转课堂模式下大学英语听力教学方法的创新

1.充分利用 TED 资源

TED（Technology, Entertainment, Design）是美国的一家私有非营利性机构，宗旨是“用思想的力量来改变世界”。TED 演讲的领域已从最初的技术、娱乐、设计三个领域扩展到了各行各业，演讲者涉及科学家、哲学家、艺术家、探险家、心理学家、语言学家、慈善家等。每年 3 月，TED 大会在美国召集众多科学、教育、商业、环保、设计、文学、音乐等领域的杰出人物，分享他们关于技术、社会、人的思考和探索。TED 的可及性与思想性在广度及深度上为翻转课堂模式下的大学英语听力教学提供了实践材料。

第一，提供了大量的真实语言材料，这与传统的音频有很大不同。学生平时上课接触的英语听力材料大多是请以英语为母语的人在录音棚里录制而成，尽管保证了发音的纯正，但是改变了交际的真实环境。

第二，演讲主题包罗万象，与“语言学习就是一部百科全书”的观点不谋而合，确保了语言输入的广度。

第三，演讲者均为讲授领域的佼佼者，传达的信息和思想都很前沿，有助于提高学生的思辨性。

第四，TED 官网上发布的演讲视频一般在 15 分钟左右，短的 10 分钟以内，长的 20 分钟，这与当下翻转课堂教学视频的时间很吻合。

第五，演讲者来自世界各地，各种口音及真实的情境交际可以让学生真真切切地领悟眼神、手势、面部表情、语速、声音、重音、停顿等传达的副语言及文化信息。

第六，TED 官网提供的视频均无字幕，但在视频下面有一个独立的互动文稿，并同步显示演讲者的话语。这种技术支持使得学生可以选择听的方式，如视频、视频＋字幕、先视频再字幕后视频。

第七，TED 官网的可及性使得听什么、何时听、如何听成为现实。学生实现了制定目标、选择内容、控制学习进度的自控式学习。

TED 视频最大的优点在于能够提供给学生纯正的、未加工的英语交际情境，通过语言形式、思想内容、技术支持保证听力翻转课堂的运行。

2.建立多元化考核机制

在课程评价体系方面，翻转课堂教学模式以学生专业技能和综合素质的全面发展为教学目标，提倡自主学习和协作学习并重，因此在教学效果评价中必须打破传统的以期末终结性评价为重心，以教师考核学生为主要手段的评价考核机制，要建立由教师评学生、学生自评、小组成员互评、小组自评和组间互评等方式构成的多元评价考核机制，并强调形成性评价与总结性评价相结合，使学生由被评价的对象变为评价的主人，而教师由以往的唯一评价者变为评价者之一和评价活动的组织者。

3.合理设计听力翻转课堂的教学模式

教师在课前先布置好视频或音频材料，学生在课后可自行听完。在课堂上，主要以教师引导和课堂研究为主，教师不再单一地解说资料、校对答案。教师把更多的时间放在对听力技能技巧的点拨、对背景知识的拓宽以及重点难点的突破上面，课堂形式也由单一的讲授式变为讨论式、表演式等。

除了利用教材本身自带的资料外，还需要由教师自己录制或者利用他人已经制作好的音频或视频（如网络上的资料或者市场上出售的视频或音频资料）。例如，每个单元中所涉及的生词、短语、功能句的解释和运用，不同模块的背景知识等，都可以通过教师自制视频来节省课堂时间，获得更高的学习效率。

教学如果总是围绕着书本内容，学生接触的英语材料有限，会造成语言输入的不足，这必然会阻碍学生进行有效的语言输出，久而久之学生会慢慢失去对学习的兴趣。再者，随着互联网的日益普及，网络上有大量丰富的视频资源，如名牌大学公开课、TED 演讲等各种视频资源。听力的学习需要学生不断地强化训练，因此教师要通过互联网等平台，多渠道地搜集与教学内容相关的视频、音频等资料。

教师可以将这些网络资源进行整合，为翻转课堂所用。比如，课前教师可从 TED 官网选择难度适当的视频，将视频和学习任务提前布置给学生，让学生有足够的看视频和完成任务的时间。教师还可根据学生水平的不同将学习任务分级，初级的要求是学生能听懂主题和大意即可，高级的要求则需要学生去查找有关演讲人的介绍、主题的背景知识、主题的详细内容及文化信息等，再回到课堂进行讨论和交流，使学生成为学习的主体，促使他们主动学习，提高课堂的参与度，增强学习的兴趣，达到更好的学习效果。

（二）翻转课堂模式下大学英语听力教学的辅助策略

1.依托体裁分析理论

大学英语听力理解的内容很多都是来自新闻报道，因此教师可以充分运用体裁分析理论帮助学生了解具体体裁的结构以及词汇和语言特征。

英语新闻大多采用“倒金字塔”结构，也就是分为新闻导语和正文内容两个部分。一则新闻中可能包含多个事件，对这些事件进行重要性的评级，然后按照重要性递减的顺序排列起来，这就体现了“倒金字塔”结构。其中，新闻导语是用一句话概括新闻事件的主旨，包括时间、地点、人物、事件、原因等。

教师可以选取与学生生活较为贴近的听力材料，学生对这类与自身相关的信息一般比较关注，也不会分心，这样才有利于教学的顺利开展，提高学生对新闻导语的捕捉能力，从而有效解决学生对该类听力材料的学习心理障碍。

如今的英语新闻在词汇的使用上越来越有自己的特色。新闻中到处可见专有名词和缩略词，这对于大学生来说是一个比较困难的方面。为了帮助学生解决英语听力困难，教师在新闻听力教学前，要先把该新闻中所包含的专用词汇梳理清晰，按照一定的标准进行归类，这就大大降低了学生的词汇学习难度。例如，在英语灾害新闻中，关于灾害的词汇主要包括两种类型：一种是自然灾害词汇，另一种是人为灾害词汇。

2.启动问答教学法

由于教学在一定意义上也是一种交际的过程，因此问答教学法就成为一种很重要的教学方法。教师的提问不仅可以推动学生主体作用的落实，而且可以让学生在表达中进一步发展认知和情感。

（1）问题的类型

教师提出的问题可分为三种类型：第一类是针对语言的问题，也就是文本直接或间接提供的内容；第二类是针对信息的问题，分为基于客观信息的问题和基于主观信息的问题；第三类是认知层面的问题，包括回忆、辨认、创作等。这几种类型的问题相互作用、相互补充，共同为听力教学服务。

（2）不同类型问题的不同应用

对于不同类型的问题，教师应该将它们应用在恰当的听力教学阶段。听力教学分为理解阶段和习得阶段。这两个阶段不是孤立存在，而是相互融合的，理解是习得的基础，而习得又反过来促进理解。

第一，在理解阶段，对于那些比较重要的语言结构或者文本内容，教师可以进行提问，并且要以展示性和开放性问题为主，如获取大意和细节理解等。这样就使得学生对重要的语言结构及其使用规则更加明确，并且能够检验学生的听力理解情况，从而为后续的习得阶段以及语言内化作铺垫。在听力训练结束后，教师要通过提问进一步确认学生的理解情况，以开放式和参考性问题为主，如推理和赏析等主观性问题。同时，教师通过这些问题引导学生不断反思自己的理解过程，重组文本中的要点，以培养学生评估和解决问题等方面的元认知策略。

第二，在习得阶段，最显著的活动就是听、说结合。教师会让学生回答一些关于语言重组的问题，使得听力输入顺利转化为口语输出，最终促进语言的内化。教师首先就语言进行提问，主要是提醒学生注意新的语言形式或者语言功能，然后再设计信息重组类或文本外的问题，让学生创造性地使用刚刚在听力训练中注意到的语言形式。

第二节　翻转课堂模式下大学英语口语教学

在实际中，经常会看到教师在口语教学中总是从发音或语法的角度纠正学生的语言，以句子为单位要求学生进行交际。但母语口语往往是脱口而出，语言单位往往要比句子短些，是以词段方式出现的。因此，口语教学要求一定要区别于书面语言教学的要求，像讲母语那样要求学生是不合理的。口语课的目标是表达自己的想法或需要，能够进行一些基本的日常交际，如问候、感谢、致歉、寻求帮助等。这样的课型往往没有严格的结构，其他教学结构是以“语言形式类型”为取向的，而口语课型结构是以“行为类型”为取向的。

一、大学英语口语教学概述

（一）口语是综合性的语言素养

口语作为一种日常交流与沟通的重要工具，在英语教学领域是非常重要的。口语这一技能并不是单纯的言语能力，其与其他技能往往具有交叉、重叠的关系。在英语教学过程中，口语教学很难与其他技能的教学区分开来。简言之，英语教师在进行口语教学的过程中，往往也会涉及其他技能的教学。对于学习英语口语的学生而言，想要使用英语进行口语表达，首先就需要掌握一些英语基础知识，如英语的节奏感、语音、语调等；其次需要掌握一些会话的技巧，如在交际过程中如何礼貌地打断他人，如何有礼貌地回复他人等。

可见，英语口语能力的提升并不是一件容易的事情，学生除了要掌握发音，还要掌握这门语言的功能。个体想要掌握一门语言，不仅要学会发音，还需要掌握这门语言其他方面的知识内容，如这门语言背后的社会习俗、文化背景、社会礼仪等。可见，语言交际看似简单，其实相对复杂，是上述所有内容的一种综合体现。

（二）大学英语口语教学的现状

1.对口语能力重视不够

随着教学改革的不断推进，大多数教师和学生已经意识到英语学习中口语的重要性。尽管如此，从现实情况来看，对口语及其教学仍然存在重视不足的情况。究其原因，主要是很多教师和学生仍然没有认真审视口语在整个英语教学中的作用，认为口语可有可无，学生只要会读、能写就够了。这些观念或多或少都会对教师的教学和学生的学习产生不良影响，不利于英语口语教学效果的提升。

2.教学时间有限

口语教学如今面临的一个很大的问题就是教学时间得不到保障。口语训练需要长期坚持，口语能力的提高也是一个循序渐进的过程，由于部分师生对口语的重要性认识不足，从而导致口语教学并未被真正独立出来，只是被纳入整体英语教学中，加之英语整体教学时间有限，因此留给口语教学的时间更是少之又少，口语教学效果也就可想而知。

3.学生压力大、不愿开口

一般来说，学生的口语表达不仅受语言因素的影响，还受一些非语言因素的影响，如心理因素、文化因素、生理因素、情感因素、角色关系因素等，这使很多学生在口语练习中不愿意开口。

（三）大学英语口语教学的原则

1.先听后说原则

听与说之间具有密切的关系，二者属于一个问题的两个方面，彼此相辅相成。人们在利用口语展开交际的过程中，听话人只有先听懂发话人的话语，才能给出自己的合理回应，从而确保交际的顺利展开。可见，口语教学的过程离不开听力，必须坚持先听后说的原则。因此，在英语口语教学的过程中，教师应该引导学生先通过听来积累词汇量以及各方面的语言信息，在这种积累达到一定程度之后，学生的内心就会有表现与表达的欲望，就会自觉进行口语表达，从而实现口语交际能力的提升。

2.内外兼顾原则

内外兼顾原则，顾名思义就是考虑问题时要顾及内、外两个方面，而不能仅顾及一个方面或者顾此失彼。在这一原则的指导下，教师在口语教学的过程中不仅要重视课堂教学，而且需要引导学生合理利用课外活动来练习口语。事实上，学生的口语学习应该以课堂学习为主，并且将课外活动中的口语学习作为课堂学习的一种补充，二者相互促进、相互配合。在课堂练习的基础上，学生开展相应的课外活动，可以将课堂上所学习的知识在课外活动中进行充分实践，从而达到复习、巩固知识的目的。此外，学生在课外活动中还可以运用课堂上所学习的理论知识，将知识内容转化为技能。与课堂活动相比较而言，课外活动的氛围比较轻松，学生也会十分愉悦，在这种放松的心态下来练习口语将会取得令人意想不到的效果。同时，在课外练习时，学生可以获得教师的适当指导，从而在不同的场合、环境下顺利展开交际。

在课程结束之后，教师为学生安排作业与练习之前，可以将学生分组，让学生以小组为单位完成作业，通过相互讨论小组任务，帮助学生提升自身的口语能力，同时也可适度加强他们的沟通、理解及协作能力。

3.互动原则

口语练习是一件需要花费大量时间与精力的事情，而且本身也比较枯燥，学生如果没有良好的口语练习环境，那么时间久了就会产生厌烦心理，而且这种心理会导致他们从内心上排斥英语学习。因此，口语教学的过程中应该坚持互动原则，教师安排学生口语练习应该是情景化、互动化的，学生在这一过程中可以将自己的兴趣长久保持，自觉练习口语，从而有效提高自己的口语表达能力。如果教师依然沿用传统的口语教学方式，学生在课堂上只是围绕教师提出的问题进行回答，这种参与往往是被动的，会在很大程度上影响学生口语能力的提高。因此，教师为学生设计的话题应能够使学生展开互动性的练习活动，使学生之间进行有效的互动练习。

4.循序渐进原则

英语口语学习是一个渐进的过程，口语能力的提升同样如此，因而教师在口语教学的过程中应该遵循循序渐进的原则，由易到难、由理论到实践，层层深入，逐步进行。对于我国的大学生而言，由于他们的英语水平参差不齐，而且在发音上还会或多或少受到自身发音习惯的影响，因此教师在口语教学的过程中首先应该解决学生发音层面上的问题与困难，纠正他们的错误发音，让他们按照从简单到复杂的程序，从语音、语调、句子、语段等层面逐步进行锻炼。另外，教师在安排与设计教学步骤时也要遵循科学原则，充分把握难易程度。制定的教学目标，如果太高，学生在学习过程中的心理压力就会比较大；如果太低，那么学生的学习积极性也会受到很大影响，因而教学目标的难易要适度。

5.科学纠错原则

口语学习中免不了出错，这是非常正常的事情，因此教师对学生在口语活动中出现的错误一定要采取科学的态度来对待。一般来说，如果是学生正在进行口语对话训练，教师对一些无关紧要的语法问题则可以酌情忽略，不要听到学生出现错误就立即打断并纠正，这样很容易打击学生说的积极性。教师应当在学生对话训练结束之后，统一指出训练过程中的错误，并提醒学生加以注意。

6.鼓励性原则

学生在英语学习，尤其是英语口语练习中很容易出现焦虑情绪，此时教师应当多鼓励学生，帮助其树立口语表达的自信心。教师鼓励学生大胆开口说英语是十分重要的。为此，教师应该为学生创设真实的语境，让学生在轻松的氛围中自由交谈，他们不必担心他人的嘲笑，想怎么表达就怎么表达，以最大限度地开展口语练习。对于学习水平较低的学生，教师还可以采用一些特殊的方式来鼓励他们，如“搭建脚手架”式教学等，从而帮助他们克服学习中的困难，使他们保持对口语学习的兴趣。

7.生活化原则

教师在设计口语教学的活动任务时，必须充分考虑生活化原则，即所设计的教学活动应该与学生的日常生活十分贴近，让他们有更多的话语发挥余地，调动他们参与的积极性，只有学生对话题有兴趣，他们才乐于开口、敢于开口。

具体来说，教师可以从以下三个方面入手：

①努力提高话题、主题的趣味性。

②对学生的愿望与实际需求进行深度挖掘。

③将教学内容与学生感兴趣的话题有机结合在一起。

二、翻转课堂模式下大学英语口语教学改革的意义

翻转课堂是不同于传统教学的一种新型课堂教学模式，它利用现代网络技术和资源，把传统教学中教师讲解这一环节放到课外，而把配套练习、师生互动以及生生互动放到课内。对于英语水平差、自信心不足、性格内向的学生，这种和谐关系能够帮助他们消除心理障碍、增强自信，使他们想讲英语、敢讲英语。实践证明，翻转课堂模式获得了大多数学生的认可，并且这种课堂气氛相对传统课堂来说比较轻松。同时，教学视

频带来的生动的外国文化比书本上的介绍对学生更有吸引力。另外，翻转课堂的互动性很强，由于学生在课前能看到视频，其心情较为放松，这增强了他们英语口语表达的自信，提高了他们对英语学习的兴趣。翻转课堂的众多特点表明了翻转课堂与英语口语教学结合的可能性，并且不断显现出其独特的优势。

（一）翻转课堂能够创造出良好的英语环境

英语口语重在大量的练习和及时的纠正，强化正确的语音。正所谓“熟能生巧”，只有正确的口语练习积累到一定程度时，才可能实现从量变到质变的转变，学生的口语表达才可能准确流利。翻转课堂能够创造出良好的英语环境，在这样的英语环境中练习一定时间后，学生的英语口语水平都会得到显著提升。

（二）翻转课堂能够实现学习时间和空间的延伸

传统的英语口语课时长有限，往往会让教师感到无力调动起学生用英语交流讨论的积极性，学生想用英语表达但苦于课时太短，教师刚刚教授过的语言知识在头脑中还处于支离破碎的状态，没有很好地被学生吸收内化，语言输入的环节没有得到强化，学生还不能完全正确输出，或者还没有机会输出就下课了。

在翻转课堂上，教师讲授时间减少，留给学生更多的学习活动时间和互动时间，教师只进行本课重难点的讲解，节约了大量课堂时间，使得每位学生都能得到练习的机会，上课时能更好地完成课堂教学任务。在翻转课堂上，教学容量加大，节奏加快，效率更高，与传统教学方式相比，实现了学习时间和空间上的延伸。

（三）翻转课堂可以在一定程度上弥补口语教学质量的巨大分化

在基础教育阶段，不同地域教育资源的不均衡导致中国青少年英语口语基础和教学质量不均衡。进入高等教育阶段，大学生口语学习的动机、学习自主性呈现出更为明显的差异；不同地域、不同院校或专业、不同班级的师资结构和口语教师教学水平也是千差万别。即便是在同一所院校，英语口语教学质量和教师职称、科研能力也没有呈现必然的正比关系。这些因素都加剧了高校英语口语教学质量的巨大分化。

在我国，高等教育强调“实践育人”和教育创新的内涵式发展，以教育信息化提升教育公平和质量、让优质教育资源共享、满足学生个性化学习需求已成为教育改革的必然趋势。翻转课堂的在线微视频让不同基础的学生在课前阶段就可以“做主”；学生可根据自身水平调整观看微视频和课件的进度；学生通过课前练习可自评对课程的理解程度并发现疑难点，在课前就能和教师、同学就自己感兴趣或需要解决的问题进行在线讨论。

三、翻转课堂模式下的大学英语口语教学创新方法

（一）翻转课堂模式下大学英语口语教学方法的创新

1.课前任务

（1）教师任务

教师集体备课制作导学案，明确本次课的教学内容、教学目标、重难点、练习方法等，然后由教师录制微视频。

（2）学生任务

学生在课前登录在线平台，浏览导学案、观看教学微视频，自主控制进度，也可暂停视频去记录语言点或疑难点；接着点击课前练习题，就其中的话题（练习题中的话题将在课堂上展示）进行自主口头练习并录制音频。

（3）在线交流

学生在完成自主练习后上传音频到在线平台，可下载同学的练习音频供借鉴。

2.探究解决办法

教师组织学生以小组的形式开展探究活动。学生可根据课前自学和练习交流各自的观点。在此过程中，教师巡视各组，保证每个学生都在参与探究活动，并提供必要的指导或进行个别答疑。

3.成果展示

教师组织学生就课前练习的话题开展形式多样的课堂展示活动，如问答、演讲、看图说话、复述故事、二人情景对话、分组讨论、多人角色扮演等，保持学生对话题的新鲜感和参与的欲望。

4.巩固或拓展

在课堂上，教师应设置有差别的巩固性练习，学生自主选择题目。基础较差的学生

可选择基础型练习，水平较高的学生则可选择拓展型练习。

5.评价与反馈

在一个小组完成展示后，学生自评表现，然后由教师点评。教师应充分肯定学生的表现，客观分析该组表现的优缺点，提出精练的、专业的改进意见。评价和反馈不是单线发生于某个环节之后，而应该贯穿每一个课堂环节。

（二）翻转课堂模式下大学英语口语教学的辅助策略

1.情境教学法

英语学习的最终目的就是交流，而交流不是在真空中进行的，而是发生在一定的情境中，因此英语学习需要一定的情境才能有更好的效果，口语学习更是如此。举例来说，一个刚出生的婴儿如果在一个英语环境中，其学会的自然就是英语。又如，一个学生即使之前的口语很薄弱，出国一段时间后，其口语水平自然会有很大的提升。这提示教师一定要注意口语教学中情境的重要性，要尽量把真实的语言情境引入口语教学，让学生在真实的环境下学习口语，这样学生的表达才会更加自然、地道。一般来说，角色表演和配音活动是两种有效的情境创设方式。

（1）角色表演

角色表演是深受学生喜爱的口语练习方式，因为学生往往都活泼好动，也有表演的欲望，角色表演正好符合学生的这种特点，而且角色表演还能让学生告别枯燥单一的课堂授课，很容易调动学生表达的积极性。所以，教师在口语教学中要多组织角色表演活动，把主动权交给学生，让学生自行分工、自行排练，然后进行表演。表演结束后，教师不要急于评价，最好先让学生从表演技巧、语言运用等方面发表一些建议，然后再进行总结和点评。

（2）配音活动

配音也是一种很好的锻炼学生口语表达能力的活动。在配音练习中，教师可以选取一部电影的片段。首先让学生听一遍原声对白，在听的过程中教师可以适时讲解其中一些比较难的语言点；然后让学生听两遍原声并要求他们尽量记住台词；最后教师将电影调成无声，安排学生进行模仿配音。教师在选择需要配音的电影时，要注意遵循以下几个原则：

第一，语言发音要清晰，语速要适当，便于学生学习和模仿。有些电影虽然很优秀，但是角色说话语速过快，对英语水平要求较高，学生在配音时很难跟上，这就很容易打击他们的积极性。因此，教师在选择影片时要充分考虑学生的英语水平，尽量选择情节简单、发音清晰的影片供学生做配音练习。

第二，电影的语言信息含量要丰富。有些电影尤其是动作片，虽然很好看，学生也很喜欢，但是这类电影往往语言信息较少，甚至充满暴力，因此不适合进行配音练习。

第三，电影应当配有英语字幕，有中英双字幕更好。如果没有字幕，教师可以要求学生提前将台词背下来，如果学生对电影情节比较熟悉，也可以不背。

第四，影片内容要尽量贴近生活。由于影片大多和人们的真实生活很贴近，语言也贴近生活，因此配起音来相对容易些，更重要的是能让学生学以致用，让他们真正体会到学习英语的实用意义。

2.文化植入法

在英语口语教学中，文化植入与广告植入的理念类似。具体来说，如果让人们直接看广告，即使广告再精彩，看多了也会厌烦，甚至适得其反。文化学习也是如此，如果只是生硬地开设文化课，学生会因为文化内容的博大精深而退却，从而失去学习的兴趣和动力。如果在英语教学中植入文化，那么就能对学生产生潜移默化的作用，从而加深他们对文化的印象，产生文化学习的兴趣，最终提高口语学习的效果。

在选择文化植入的内容时，要遵循一定的原则，具体来说主要有以下几个：

①在精不在多原则。在口语教学中，教师在进行文化植入时，要注意找到一个恰当的切入点。因为文化知识背景复杂、内容繁多，通过切入点的植入，可以激发学生对相关文化内容的兴趣和关注，也有助于学生对口语进行学习和操练。一旦打开文化世界的大门，学生就会自己主动学习。

②适当原则。植入的时候并不是无原则地随意植入，要植入的内容应当符合学生的兴趣爱好，且能深入浅出，切实帮助学生提高口语水平。教师首先要充分了解学生的兴趣所在，并找到学生感兴趣的文化内容；其次要在深入了解植入内容的基础上，尽量通过直观、简易的方式呈现出来。总之，所植入的文化内容难度要适宜，既不能太肤浅也不能太深入，否则文化植入不仅不能帮助学生进行口语学习，反而会成为学生学习过程中的阻碍，严重的甚至会削弱学生的学习兴趣。

③服务于口语教学原则。文化植入的一切内容都要围绕口语教学进行，并与主题紧密相关。这是因为文化植入的最终目的是帮助学生更好地应用口语，掌握口语课的教学内容，所以文化植入的内容一定要凸显其服务功能。

文化植入并不是生硬地插入。教师教学中要采用合适的植入方式，将文化内容很自然地融入教学中，使其服务于口语教学，这里要注意不能喧宾夺主，而是要起到潜移默化的效果。具体来说，文化植入的方式主要有以下两种：

①直接呈现。直接呈现是指教师选择一些与教学内容密切相关的文化主题，然后在课堂上将其直接呈现给学生，引导学生理解这些文化主题。教师在呈现时，可以通过一定的手段将其导入教学内容，如借助多媒体教学设备进行呈现。例如，在学习有关建筑物的口语课堂上，有很多有关建筑的描述和表达方式需要进行呈现和练习。此时，教师可以利用多媒体设备，将不同建筑的时代背景、风格特点等展示给学生，同时融入教学要求掌握的一些表达方式。这些内容能引导学生了解学习内容，并使用所学内容进行操练。通过呈现，学生在表达练习中会更有针对性，也更容易加深印象，掌握知识。

②间接呈现。间接呈现是指教师根据教学要求和学生实际情况，灵活设计一些小活动，如游戏、竞赛等，并将文化内容有效植入这些活动中。例如，在有关商务用餐的口语表达学习中，教师要植入“酒文化”。在学生经过前期学习，对酒文化有一定了解的基础上，教师可以组织“抢答竞赛”的小活动。具体来说，教师可以设计一些实用又有趣的英文选择题供学生抢答，每题结束后再结合直接呈现方式，通过图片、视频等向学生介绍该题所包含的文化内涵。这样，学生在互动中不仅锻炼了自身的口语能力，同时也拓宽了知识面。

3.文化渗透法

文化渗透和文化植入有一定的共通之处，都是在教学中导入文化因素。具体来说，由于每种语言都处于不同的文化背景中，因此需要结合文化来理解语言的具体含义。教师在口语教学中可以进行总结归纳，通过在教学中渗透英语文化来快速提高大学生的英语口语表达能力。具体来说，教师可以采取以下几种方式：

第一，文化对比法。在口语教学中，教师可以通过对比英语文化与母语文化，帮助学生了解不同文化的差异，培养跨文化意识。教师可以首先向学生传授有关中西方文化的各种差异，然后指出学生在交流中容易犯的错误，并表明这些错误正是由于不注意中西方文化差异造成的。在反复对比和接受中，学生就能掌握英语和汉语及中西方文化间的差异，并在以后的交流中多加注意。此外，学生通过了解不同文化的差异，还能更加尊重不同文化的风俗与习惯，并形成正确处理语言与文化关系的能力。总之，文化对比法是一种行之有效的口语教学方法。

第二，交流学习法。大学生经过几年的英语学习，一般已经有了一定的英语水平，有的也有一些跨文化交际的经历。因此，教师可以充分利用大学生的这些特点，开展课堂交流，通过交流促进学习。

第三，教师引导法。教师在口语教学以及与学生的交流中，应当时刻注意进行有效的引导。特别是在学生产生交际障碍时，教师及时进行启发性的引导，既充分尊重了学生的主体地位，又对学生进行了文化知识的熏陶，激发了其学习和运用语言的思维。

通过上述讨论可知，中西方文化的诸多差异对英语口语教学产生了重要影响，教师需要结合文化因素并采取适当的教学方法。

第三节　翻转课堂模式下大学英语阅读教学

很多英语教师虽然重视英语教学，但在进行阅读教学时往往忽视对学生阅读意识的培养。传统的英语阅读教学强调语法、词汇、阅读技巧的讲解，长期如此势必导致学生缺乏语言运用的交际能力，另外也会造成学生对语言交际的学习和重视不够。当然，英语阅读课时有限，加之学生阅读水平不高，导致他们没有追求阅读材料的交际学习。因此，翻转课堂模式下的大学英语阅读教学必然要进行一定的改革与创新。

一、大学英语阅读教学概述

（一）大学英语阅读教学的理论依据

1.思维导图理论

20 世纪 60 年代，“思维导图”这一概念首次被东尼・博赞（T. Buzan）提出。思维导图体现了发散性思维，包含了颜色、图形、关键词和曲线等有机要素，并且总是从一个中心点开始向周围散射，这一个个子中心可以是每个词语或者图像，然后通过联想不断向周围发散，最后形成一个由无穷无尽的分支链组成的整体。中央图像是聚焦的地方，用于抓取主要内容。作为分支的主题从中央图像向四周发散。每条分支是由图像或者相关联想产生的关键词通过曲线连接而成，那些次要信息也可被当作次级分支附在更高一层的分支上。

思维导图作为一种图形技术，具有很高的实用价值，可以开发大脑的潜力。思维导图广泛地应用于学习和工作的多个领域。思维导图的形成过程如下：

第一，平铺一张横向白纸，从中间位置开始。

第二，立足于精确、核心的问题，用一幅图像来展示中心思想。

第三，连接中央图像与主要分支，再连接相邻级别的分支。

第四，给主要分支涂上不同的颜色，颜色的鲜明度要足够高，因为色彩的差异能够活跃思维、刺激脑细胞。

第五，分支线条的形状可以多样化，但要使用弯曲的线条，因为它们更有趣味。

第六，每条分支包含一个关键词，以此促进自由的联想。

思维导图理论形成的基础：

（1）图形化手段

图形化手段也就是知识可视化，它是指利用一种视觉表征的形式来构建、表达和传输繁杂知识。它通过图形表达抽象的事实或信息，这种信息表达方式更加直观，能够有效地促进知识在两人或者两人以上的群体之间进行传达与创新，从而帮助他们重新建构并应用知识。这种方式降低了语言表征的难度，使知识更加清晰，减轻了学习者的学习难度，也有利于思维的发散。

（2）左右脑分工理论

人的左右脑之间分工明确。左脑负责词汇、顺序、排列、书写和五感等，主要从事逻辑思考，用语言来处理信息；右脑负责节奏、想象、色彩和空间等，主要从事形象思考，用图像来处理信息。右脑的储存量是左脑的百万倍，但是现实生活中人们的左右脑开发不平衡，大部分人极少使用右脑。绘制思维导图的过程就是将左脑中的文字信息通过图像的形式表现出来，因此思维导图可以开发右脑，促进左右脑协调发展。

思维导图作用于英语阅读教学的原理：

首先，在进行阅读理解时，只有从整体上把握文章，才能透彻理解文章的中心思想。思维导图正是用色彩的变化、图形的多样性等来凸显关键信息的，因此可以帮助学习者抓住重点内容，也就有助于学习者的记忆和理解。

其次，在学习者绘制思维导图时，他们也就是在整理各种知识。通过绘制思维导图，学习者可以了解文章的知识架构。并且在绘制思维导图时，学习者可以加入自己的想法，从而完善思维导图。

2.图式理论

“图式”这个词最早出现在康德（Immanuel Kant）的哲学理论中，他认为我们大脑中存储的知识并不是零散的，而是分门别类地组织在一起，它们相互联系，并且提取出来的信息也是有序的。

格式塔心理学家巴特利特（F. C. Bartlett）正式从理论的角度提出了“图式”这一概念，这一概念体现了我们如何看待过去的经验。会学习的人以及学习能力较强的人，总是善于将以往的经验和即将要学习的经验进行关联，从而达到有意义的学习。

鲁梅尔哈特（D. Rumelhart）进一步完善了图式理论，指出图式理论是关于如何理解知识的一种理论，具体体现了如何对某个主题的知识进行表征和存储，研究了如何将相互联系的知识在实践中加以应用。

人类大脑中已有的图式对于新信息的理解有着极大的促进作用，人们在理解新信息时总是千方百计地将头脑中的图式和即将要学习的新信息联系起来，以便达到有意义的理解。

图式理论比较重视大脑中预存的知识对理解新信息的作用。阅读是一项复杂的认知过程，即把新知识与已有认知结构相关联，以解码信息。真正的阅读旨在通过对文本内容的阐释来重新建构出新信息。

可见，阅读理解就是读者通过头脑中的图式与文本信息的交互作用来达到理解的一种过程。能够独立阅读的人，一定能够善用图式理论。

阅读文章前，读者在头脑中储存了很多知识结构，即图式理论框架，包括母语知识、第二语言知识、文化知识、人生经历、教育程度等。在阅读过程中，读者需要从这些知识结构中提取部分内容，以便更加准确地理解信息。当一个人头脑中的图式框架有缺陷的时候，阅读偏差最容易发生，也就无法对阅读材料形成准确的理解。

（1）图式在理解中的价值

第一，有助于读者从记忆中有条理地提取信息。

第二，有助于读者将注意力分配得更加合理。

第三，有助于读者经过推理达到对信息的一种重构。

第四，有助于读者在一定的心理基础上理解消化篇章信息。

第五，有助于读者经过推导得以更好地发挥。

第六，有助于编辑与总结。

（2）背景知识与理解图式的形成

第一，帮助读者整理篇章信息，主要包括以下三个方面：按照主题或者来源对信息进行分类；对比不同信息间的差异，以使得自己的认知得到深化；通过总结更加有效地组织新信息与背景知识。

第二，帮助读者认知词汇，如运用词语的搭配原理和语义关联等知识来猜测新词语的含义，并进行有效的记忆。读者的阅读效率主要取决于是否能够快速地识别和推测词语。

第三，帮助读者通过篇章的组织结构推测作者的写作意图和中心思想，篇章结构主要是指篇章层面的一些逻辑关系，如因果关系、递进关系、对比关系等。

第四，帮助读者提高对文化的敏感度，积累思维方式、风俗习惯、社会历史、价值体系等方面的认知结构，形成积极的多元文化观。

（3）图式阅读理论

语言学家把图式理论引入英语阅读理解，并创造性地提出了图式阅读理论。图式阅读理论将图式理论架构分为语言图式、内容图式、形式图式三个方面。

语言图式指语言基础知识，如语音、词汇、语法、句型等，奠定了阅读理解的基础。

内容图式指文章的背景知识，控制着文章在特定语境下的意义。人们如果缺乏内容图式，就会因为风俗、价值观、思维方式等差异引起冲突。透彻地了解背景知识才能正确分析文章。

形式图式指作者对于文章体裁的了解。

图式理论虽然对于阅读理解有一定的促进作用，但其运用需要在教师的引导下进行。背景知识和阅读理解之间的关系是相互促进的，背景知识促进阅读理解，阅读理解反过来能让背景知识得到积累和升华。因此，在英语学习中，阅读始终是学习者长期或短期积累知识、了解文化、建构新图式的重要途径。

（二）大学英语阅读教学的现状

大学英语阅读教学的地位在整个英语教学体系中举足轻重，是我国英语教学的重点和难点，并且依然存在着一些问题。

1.学生方面

（1）英语阅读的动力不足

从中学进入大学后，学生摆脱了家长和教师的严格监督，因此大学的学习主要依靠学生的自主性来推动。如果学习自主性不强，学生就会浪费大把时间。另外，很多学生进入大学后一下子松懈了，错误地将考试当作唯一的学习目的，英语阅读的动力明显不足。如果阅读材料的篇幅过长，或者难度过大，学生就更加没有动力完成阅读。

（2）词汇量和阅读量都小

篇章是由许多词汇构成的。显然，没有一定的词汇量，英语阅读是无法进行下去的。要想提高英语阅读能力，词汇量是基础，足够的阅读量是前提。在词汇量薄弱的情况下，扎实的阅读技巧是没有用武之地的，是无效的。进入大学以后，英语阅读所要求的词汇量相比于中学阶段有了大大的增长，并且同义词、近义词繁多，词义之间的区别和差异模糊，难以辨认，这给学生的学习增加了难度，对学生的目标要求也就不一样了。英语阅读综合能力的提高，需要学生在掌握充足的词汇量的前提下进行大量的阅读。当然，词汇量和阅读也是相辅相成的，词汇量是通过阅读加以积累的，而词汇量进一步推动着阅读的进行。

（3）文化背景知识的缺乏

英汉文化差异经常被教师提到，学生需要真正认识到英汉文化差异的具体情况。原版的英语文章都是以西方文化为背景来进行写作的，中国读者在阅读的时候需要转换思维。中国读者需要有充足的西方文化知识，这样才不会给阅读带来障碍。如果不了解西方文化，英语阅读可能就无法连贯地进行。

2.教师方面

（1）课堂上教学模式落后

在一些英语阅读课堂上，传统英语教学的影子还没有完全消失。虽然教育界一些专家都在倡导先进的英语教育理念，但是真正让这些理念落地还是困难重重。我们还是会在大学英语阅读教学课堂上看到这样的情景：教师在上面讲得津津有味，学生在下面认真聆听，并且还做着笔记，教师逐句讲解文章里的新词汇、句型、语法等，然后分析文章里的问题，而学生则习惯于这样的教学模式，久而久之便养成了被动的学习习惯，自己缺乏思考、缺乏实践。这样的课堂缺乏互动，不仅减弱了学生的阅读兴趣，也无法真正提高学生的英语阅读能力。

（2）课外缺乏监督

大学的课时有限，因此很多的阅读任务是在课外完成的。虽然教师布置了课外作业，但是由于学生长期形成的依赖教师的思想，如果教师不抽时间检查学生的课外作业，学生很可能就不会认真对待课外作业。课堂的阅读量是很小的，加上学生对待课外阅读不认真，这样就无法提高阅读能力。

（三）大学英语阅读教学的原则

1.立足于语篇和语境

在英语阅读理解中，有的学生知道某个词语的意思，但是仍然无法将上下文联系起来理解，形成一个连贯的语义；有的学生还带着阅读中文的习惯去阅读英文，这同样会给英语阅读带来一些障碍。为了解决这些问题，教师就要从语篇整体的角度进行教学，培养学生的全局意识，提高学生的综合阅读能力。这就要求教师做到三点：第一，向学生详细介绍英汉语言的逻辑连接差异；第二，向学生讲解英汉语言的表达方式；第三，向学生明确英汉语言的修辞。

（1）介绍逻辑连接

第一，显明性与隐含性。所谓显明性，是指英语中的逻辑关系是依靠连接词等衔接手段来衔接的，语篇中往往会出现 but、and 等衔接词，这可以被称为“语篇标记”。相反，所谓隐含性，是指汉语语篇的逻辑关系不需要用衔接词来标示，但是通过分析上下文可以推断与理解。英语属于形合语言，汉语属于意合语言，前者注重形式上的接应，逻辑关系具有高度的显明性，后者注重意念上的衔接，因此具有高度的隐含性。

第二，浓缩性与展开性。除了逻辑连接上的显明性，英语在语义上具有浓缩性。显明性是连接词的表露，是一种语言活动形式的明示，但是浓缩性并非如此。英语具有独特的思维方式与语言特点，这也决定了表达方式的高度浓缩性，习惯将众多信息依靠多种手段来思考，如果将其逐字逐句地翻译成中文，那么必然是不合理的。汉语则呈现展开性，即常使用短句，节节论述，这样便于将事情说清楚、说明白。

第三，直线性与迂回性。英汉逻辑关系的差异还体现在表述的直线性与迂回性上。英语侧重开门见山，将话语的重点置于开头，然后再逐层介绍。汉语侧重铺垫，先描述一系列背景与相关信息，最后总结并陈述要点。

（2）讲解表达方式

第一，主语与主题。英语属于主语显著语言，其凸显主语，除了省略句，其他句子都有主语，且主语与谓语呈现一致性关系。对于这种一致性关系，英语中往往采用特定的语法手段。汉语属于主题显著语言，其凸显主题，结构上往往包含两个部分，一部分为话题，一部分为对话题的说明，不存在主语与谓语之间的一致性关系。

第二，主观性与客观性。西方人注重客观性思维，因此英语侧重物称，往往将没有生命的事物或者不能主动发出动作的事物作为主语，并以客观的口气加以呈现。中国人注重主观性思维，因此汉语侧重人称，习惯采用有生命的事物或者人物作为主语，并以主观的口气来呈现。受这一差异的影响，英语中的主被动呈现明显的界限，且经常使用被动语态，而汉语往往以主体作为根本，不在形式上有所拘泥，句子的语态也是隐含式的。

2.重视课前预习

现在信息技术非常发达，学生可以利用互联网和电子设备进行课前预习。这就要求教师将本节课的教学目标提前公布给学生，以便学生进行有针对性的预习。假如本节课的教学主题是中西方建筑，那么教师制定的教学目标可以是以下形式：

①通过略读和寻读，了解中西方建筑的差异。

②体会中西方建筑蕴含的文化价值，能用一些词汇和句型介绍中西方建筑差异。

③深入思考中西方建筑文化差异的根源，形成文化自信。

学生完成课前预习之后，教师可以在上课之前检查他们课前预习的情况。

3.力求课后提升

结束了师生在课堂上的探究之后，学生需要通过课外作业来巩固课堂上所学的知识，这样可能会让学生有新的收获。以上面列举的中西方建筑为例，教师在课堂上让学生说出自己最喜欢的中西方建筑，并用英语表达中西方建筑的差异。通过对比中外文化的异同，学生能够更加深刻地理解中西方文化。当然，因为在课堂上学生都对彼此提出了意见，那么在课外，学生们就需要结合这些意见进行复习。所以，课外作业就可以是以中西方建筑为主题的写作，这与课堂内容紧密联系，但又不同于课堂内容。通过不断思考、对比及查阅资料，学生找出了产生不同文化的历史根源，这个过程就有利于思维能力的提高和文化意识的培养。

二、翻转课堂模式下的大学英语阅读教学改革的意义

翻转课堂模式在一定程度上克服了传统大学英语阅读课的弊端，在这种教学模式中，教师要求学生仔细阅读、深度分析并产生共情。通过让学生在课堂上深度阅读，学生的阅读自觉性大大提高。日积月累，他们可以形成良好的阅读习惯，即课前快速阅读，课堂上认真研读，最后进行分析并形成复杂的观点。但是，每一种教学模式都利弊兼具，教师在实施翻转课堂时要注意扬长避短，从而切实提高学生的英语阅读能力。此外，翻转课堂模式在大学英语阅读教学中的应用应注意调动学生参与课堂活动的积极性，兼顾课内阅读和课外阅读。翻转课堂模式下的大学英语阅读教学改革意义重大，这里简要介绍以下几点：

（一）提高了学生的阅读兴趣

在翻转课堂教学模式中，教师课前根据教材文本制作内容丰富的精彩的教学视频，观看这些精彩的教学视频能够激发学生对英语阅读的兴趣；同时，在轻松自由的学习状态下，学生对英语阅读的兴趣会迅速提升。他们不再被动地接受教师所布置的阅读任务，而是主动去寻找自己感兴趣的阅读材料进行课外阅读。

（二）发展了学生的语言能力

在翻转课堂教学模式下，学生的阅读兴趣提高了，阅读量相比之前也会有所增加。大量的阅读对于学生阅读速度的提高和阅读能力的提升起着重要的作用，而且阅读带给学生的不仅仅是阅读本身，它对学生语言综合能力方面的发展也有很大帮助，如扩大他们的英语词汇量，提高他们的写作能力等。

（三）实现了学生的个性化学习

在翻转教学模式下，每位学生都可以在家自由地根据自己的学习进度来学习英语阅读教学视频，在遇到疑惑或者不懂的问题时可反复观看教师的教学视频，而不像在传统的课堂上那样紧张，稍微分心就会跟不上教师的讲解节奏。同时，在课堂上针对学习问题的讨论可以使每个学生在学习中所遇到的问题都得到解决，真正实现学生的个性化学习。

（四）培养了学生的创新合作能力

随着网络时代的到来，媒介融合与网络多元化的趋势日益明显，社会对人才的需求更加强烈也更为苛刻，不仅要求人才具备专业的从业技能，更要兼具较高的职业素养与创新合作意识。而英语阅读是培养具有创新与合作意识人才的途径之一，传统的课堂教学中教师控制整个课堂，由教师提出问题并引导学生解决问题，学生在教师的指引下开展阅读训练。翻转课堂模式则不同，学生可以自主掌控自己的学习过程，在自主参与英语阅读的过程中发现自己的知识薄弱点和阅读盲点，针对既存的疑难问题思考如何解决问题，探寻解决问题的有效策略，而这一过程本身就是学生自主意识培养的过程。

翻转课堂还为学生提供了交流与探讨的平台，借助翻转课堂这个平台，基础扎实的学生可以指导基础薄弱的学生，同一学习层次的学生可以就某项阅读疑难问题进行探讨和交流，各抒己见，在合作交流与互帮互助的过程中，学生之间的情感得以增进，合作创新意识得以提升。

（五）培养了学生的综合实践能力

翻转课堂模式强调以学生为主体，无论是在课前还是课上都强调学生自主学习探索新知、发现问题以及合作交流解决问题，发挥他们学习的主动性与积极性。这种模式不仅增强了学生的自主学习能力，也提升了学生的问题解决能力，并且通过各种课堂学习活动，增强了学生的合作能力、交流沟通能力、创新能力以及实践能力等。

由此可见，翻转课堂让教师的教学方式和学生的学习方式都发生了很大变化，学生的阅读兴趣和阅读水平也明显提高，这说明将这种新型的教学模式应用到大学英语阅读教学中是非常有效的。

三、翻转课堂模式下的大学英语阅读教学创新方法

（一）翻转课堂模式下大学英语阅读教学方法的创新

翻转课堂将教师课上讲解的内容提到课前让学生自主学习观看，而把与知识内化有关的活动提到课上来完成。课堂上大量的时间用于教师帮助学生解决课前自学遇到的问题以及师生、生生之间的交流与讨论。

1.课前教学

（1）教师方

首先，教师要选择合适的阅读资料。调查发现，很多学生认为课本内容太过时、太枯燥，无法激发他们的阅读积极性和阅读兴趣，所以教师所选材料要与时俱进并具有趣味性。同时要注意篇幅不宜过长，因为翻转课堂模式在阅读课上应用的关键是让学生在课堂上深度阅读，过长的文章会影响课堂阅读效果和各种活动的展开。

其次，教师根据所选材料制作教学视频。根据讲解内容的多少，可以制作一个或多个视频，每个视频一般在 15 分钟左右为宜。这些视频包括以下内容：

①阅读的目的和要求，以及要掌握的重点。

②生词和短语的用法讲解、相关的重点语法知识讲解、难句的意思以及文章的结构分析。

③阅读的方法和技巧介绍。

通过观看教学视频，学生能基本解决语言问题并对阅读材料的内容和结构有一定的了解。

（2）学生方

学生完成资料阅读并观看视频，理解视频中的内容和要求，并进行整理和分析，对自己感兴趣的部分重点学习。对于无法理解的内容，可以通过自主学习平台或者借助其他通信工具与同学讨论交流，也可以把问题带到课堂上向教师求助。学生在课前活动中基本能完成教师布置的任务。

2.课中教学

字面层次和评断层次是阅读理解的两个层次，通过课前阅读和观看视频，许多学生理解的内容只停留在字面层次，即读者通过对英语词汇的功能和句子结构的正确辨识，接受文字的基本信息，经过思维在头脑中逐步形成既定概念。而阅读的目的是要达到高级的评断层次，即包含多项信息收集和反馈活动，其中相关信息的搜集、评论、分析占主导地位。

要达到这个层次，学生必须在课上进行深度阅读，并进行认真讨论分析。例如，教师可以让学生边读边写或者先读后写。学生通过课前的略读和视频观看已经基本解决了语言问题，所以教师可以在课堂上让学生边细读边写或者读完以后写，写的内容要有助于学生弄清语篇意义和提高阅读技能。例如，找出重要的细节及其与文章主题的联系，文章的重要情节以及人物之间的关系等。

教师可以让学生仔细研读。仔细研读是培养学生高层思维技能的途径之一。刚开始时，教师组织学生集体进行研读，采用示范研读的模式。在读完一个片段之后，教师可以让学生自主讨论主题、词语和文章结构，也可以让他们把所读的内容与之前学过的内容相联系，或者与课堂上讨论过的内容相联系。接着，教师要让学生对阅读内容进行评论和分析，这些活动都要在课堂上完成。

学生可以根据自己最喜欢的片段进行分组并开展研读，然后再与其他组的同学进行交流，对其他组同学的评论展开讨论。这种方式便于学生了解其他同学的阅读方式、讨论方式及分析方式等。合作式的研读有利于开展班级讨论，有利于学生对自己感兴趣的部分进行更加深刻的分析，有利于培养学生的共情能力，即一种能设身处地体验他人处境，从而达到感受和理解他人情感的能力。

3.课后总结

（1）教师方

在一堂阅读课结束后，教师要对学生在课堂上遇到的问题进行及时总结和归纳，并通过网络学习平台等及时给予学生反馈，指出学生在阅读方面的不足以及需要改进的地方。

（2）学生方

在课后，学生根据教师给出的意见或建议巩固课堂所学的内容，并反思学习过程，使英语阅读能力得到真正提高。

（二）翻转课堂模式下大学英语阅读教学的辅助策略

随着我国综合实力的提高以及全球化进程的不断加快，社会对精通英语的复合型人才有着越来越大的需求。同时，现代社会对英语人才的要求有所提升，不仅有听、说、读、写、译方面的要求，还有跨文化交际能力方面的要求。因此，当学生的词汇量与文化知识达到一定程度时，教师就应培养学生的跨文化交际能力。

1.立足于教师自身的教学与文化意识的提升

教师必须认识到跨文化交际能力对学生的重要性。要想提高学生的跨文化交际能力，教师就要不断提高自身的跨文化交际能力。教师只有具备了较高的跨文化交际能力，才能有意识、有计划地在阅读教学中培养学生的跨文化交际能力。教师需要从以下几个方面做好充足的准备：

首先，教师应该检查自己的英语基础知识，确保没有较大的空缺。也就是说，教师应该拥有丰富的词汇积累，对语音有足够的了解，听、说、读、写等技能较高。

其次，教师应该扩展阅读的广度和深度，通过阅读国外原版的经典文章来增进对西方文化的认识，不断建构自身的西方文化图式，并进一步提升个人文化修养。

最后，教师不仅应该学习西方文化，更应该重视对本国文化的学习。只有充分消化了本土文化，建立了文化自信，才能更好地吸收西方文化。

2.针对学生方面的改进

（1）思维能力的提高

在英语阅读中，学生会自觉地将阅读和思考结合起来。可见，思考能力是学生阅读中必备的能力。进行英语阅读，学生就需要运用英语思维。中西方的思维方式是有差异的，如果用惯用的母语思维去思考英语对话和行为，往往会产生疑惑。因此，教师就要改进教学方法，培养学生对文化差异的洞察力，从而使其高效地理解文章内容。为了达到这一目标，教师除了选取符合学生兴趣的当下热门的阅读材料外，还应为其提供课后互相交流、探讨的时间。这样不仅能够提高学生的阅读理解能力，还能锻炼学生的思考、口语能力。学生自己也要有意识地打好语言基础，在拓宽知识面的基础上运用知识。

（2）利用教材扩展学生的跨文化知识

阅读作为一种认知活动，需要跨越语言和文化的障碍。因此，语言知识和文化知识是跨文化能力的重要组成要素。在英语阅读教学中，教师要充分利用教材向学生传授跨文化知识，其原因主要有以下三个方面：

首先，教材相对来说是比较权威和可靠的教学依据，学生可以依据教材进行英语学习和模仿，以便达到语言输入的准确性。

其次，教材是作者在特定语境下发表的见解或者表达的思想感情，包含着表层文化和深层文化。因此，学生通过教材能够了解多元文化。要想跨文化交际顺利进行，学生必须掌握一定的语言知识、表层文化知识和深层文化知识。

再者，即使学生缺少某些跨文化理论，但是教材能够提供深层文化知识对这个缺陷进行一定程度的弥补，便会有效减少、消除跨文化交际中的失误和冲突。

研究表明，学生对教材中的文化知识进行学习和讨论，对理解语篇有一定的帮助，尤其是能够从不同的文化视角探究作者的“言外之意”。

由此可见，教师深度、全面地挖掘教材语篇中的文化内容，引导学生吸收跨文化知识，从某种程度上来说，就很好地发挥了语篇阅读教学的效用。

（3）跨文化意识和态度培养

阅读也是读者和作者的一次交际过程。语言语篇都是在特定的社会文化背景下产生的，是作者传递某些信息、表达某种情感的载体。英语阅读就是跨文化阅读，无论是课堂教学、学习讨论还是自主学习，都能让学生反思自己的跨文化意识。学生需要意识到文化多样性是客观存在的，需要平等看待各种文化。文化没有好坏优劣，只有不同。学生在进行英语阅读理解时，需要借助头脑中已有的英语文化知识图式。学生通过分析语篇获得一些文化上的体验，如作者的价值观和情感等，随着跨文化意识的增强，学生逐渐从语言知识的被动学习者转变为语篇中文化内容的主动探索者，积极学习母语和目的语的语言知识与文化知识。

（4）跨文化技巧和行为能力提升

跨文化能力的培养不仅包括知识的增多、跨文化意识的培养，还包括跨文化技能的提高。因此可以说，跨文化能力的培养是一种素质教育。教师应该为学生创造模拟交际场景，把学生置于一个“文化多棱镜”中，使其更加深刻地认识文化差异。在这个模拟的交际场景中，语言和语境都是真实的，学习者能够获得实践的机会，学习动力也能被激发。具体来讲，教师可以使用图、文、声、像相结合的形式导入素材，激活学生大脑中相关的知识图式。在此基础上，教师引导学生重点分析语篇中的社会交际意义，以便学生更有效地参与接下来的交际活动。之后，学生运用从语篇中学到的知识和技能，完成辩论、小组讨论、角色扮演、模拟采访、短文写作、案例分析等任务，以此提高交际能力。

第四节　翻转课堂模式下大学英语写作教学

社会在发展，时代在进步，这要求大学英语教学也要与时俱进，跟随时代发展的步伐进行改革与创新。在当前信息时代背景下，大学英语教学实现了与信息技术的紧密结合，并在互联网的支持下形成了很多新颖的教学模式，翻转课堂教学模式就是其中典型的一种。将这一模式与英语写作教学相结合，有助于提高英语写作教学的效率，提升大学生的英语写作水平。

一、大学英语写作教学概述

（一）写作的定义

从语言输入与输出的角度来看，写作与口语一样，都是语言的输出活动，属于一种产出性技能。英语中与“写作”相对应的表达是“writing”，该词的含义不仅涉及写作的结果，也涉及写作的过程。

有学者认为，写作包含两大功能，一是为了学习语言而进行写作。通过写作，学习者能够巩固自己所学的语言知识，如词汇知识、词组知识及语法结构知识等。二是为了写作而进行写作。在写作的过程中，学生动脑表达自己的观点就是强化学习的过程，就是将自己所学知识用于交际的过程，只有通过学习，写作技能才可能获得。

还有学者从认知心理学的角度对写作进行了解释，认为写作不仅仅是视觉上的编写行为和书写过程，而是一些包含复杂活动的解决问题的信息加工过程。

总体而言，写作是写作者运用书面语言来传达思想、交流信息的过程与结果的集合，其中涉及写作者多方面的知识和技能，还涉及对其意义的传达和信息的加工，因此写作既是语言运用的手段，也是学习运用语言的目的。

（二）大学英语写作教学的作用

对于英语教学来说，英语写作及写作教学意义非凡。写作能力的提升，有助于学生更好地学习英语，提升英语素质。具体而言，英语写作教学具有如下几点作用：

1.调动学习兴趣

学生写好一篇优秀的文章，不仅能够让读者获得美的享受，还能够提升自己对美的感受。因此，英语写作教学的成功必然建立在学生写作兴趣的基础上。激发学生的写作兴趣，能够更好地开展写作教学，进而不断提升学生自身的写作能力。简单来说，就是让学生做到以写作为乐。

2.巩固英语知识

对于中国的学生来说，英语属于第二语言。既然不是母语，那么必然会在学习中遇到各种各样的问题，甚至会出现一些明显的错误。而通过写作教学，教师可以引导学生解决这些问题，让学生更好地巩固课堂与课外所学。

每一种语言都包含自身的语言特色，虽然从一些角度来分析，英汉写作存在某些相通之处，但是差异性占据主要地位。也就是说，英语写作有着自身的规律性，如从书信的写作格式来说，英汉书信就存在明显的差异，如果学生按照汉语书信的写作格式来写英语书信，那么必然造成交际上的误会。

可见，教师开展写作教学是非常必要的，通过对学生英语写作能力的训练，让学生能够对自身所学的英语知识进行检验。

3.发展阅读能力

在英语写作教学中，遣词造句占据中心地位。与口头造句相比，笔头造句要求逻辑上的严谨和语法上的准确。在写作的过程中，学生可以自由控制写作的时间与速度，通过仔细调整与推敲，使写作的内容更具有合理性。通过写作训练，学生对句子、篇章的结构更为熟悉，对题目、内容、上下文关系有更清晰的了解与把握，这对于学生阅读能力的提升是非常有利的。

4.培养交际能力

英语写作是在交际活动中应用的重要手段，写作的目的在于信息的传递与思想的表达，从而保证交际的有效性。通过写作开展交际的能力是需要在实践中形成和培养的，而英语写作恰好是培养学生这一能力的重要手段。通过写作教学，学生可以在以后的工作中有效发挥自身的写作能力，表达思想、完成工作，甚至开展恰当的跨文化交际。

（三）大学英语写作教学的现状

1.教师方面

（1）批改方法缺乏有效性

很多英语教师对学生习作的批改方法仍停留在过去。具体来说，他们更多地将一些基础的语言使用规范，如语法错误、词汇用法错误、拼写错误等作为重点，却较少进行内在逻辑、框架结构、文章主旨等层面的分析。其直接结果就是，学生误以为只要保证词汇、拼写、语法方面的正确性，就可以写出好的文章，因而很难从内容、结构等方面进行反思，也很难将自己的写作能力提至一个新的高度。

（2）教学目标缺乏系统性

写作能力的培养与提高不可能一蹴而就，必须经过一个循序渐进的过程。因此，写作教学的目标也应体现一定的阶段性与渐进性。然而就目前的英语教学目标来看，总体目标与阶段性目标之间的脱节与不协调状况较为严重。

2.学生方面

（1）语言质量不过关

从学生习作的语言表达来分析，很多学生都表现出语法错误，特别是在词汇方面。英语中的很多词汇在词性、词义、用法、搭配等方面都有自己的特点，当学生按照汉语词汇的用法进行英语写作时，常常表现出词汇使用方面的问题。

（2）中式英语现象严重

语言与思维、文化等都有紧密联系，并在很大程度上受到这些因素的影响。中国学生由于长期在汉语语言环境下生活，母语思维不可避免地会对他们的英语学习产生影响，且很多都是不利影响，“中式英语”就是一个最典型的现象。

（四）大学英语写作教学的原则

英语写作教学的原则源于写作教学实践，反过来又服务于写作教学实践，具有普遍性、抽象性和可操作性。因此，英语教师想要在写作教学过程中取得理想的教学效果，就应遵循这些教学原则。

1.循序渐进原则

任何一件事情的顺利完成都是需要花费时间的，都需要有一个循序渐进的过程，对于英语写作教学而言同样也不例外。对于写作技能的掌握来说，个体需要经历一个由低到高、由简单到复杂、由浅入深、由旧质到新质的变化过程，这一过程也存在反复现象，需要个体不断巩固来加以完善。简言之，学生英语写作水平的提高是一个长期的、持续的、不断练习的过程，并不能很快就实现。为此，教师在开展英语写作教学的过程中，就需要遵循循序渐进的原则，遵循学生的学习规律，以顺利实现教学目标。

2.主体性原则

英语写作教学中要坚持实施主体性原则。事实上，这一原则也是英语其他技能教学要坚持的。在教学中，教师应该尊重学生，让学生体验到充分的自主性，以学生为中心展开教学。唯有如此，学生的学习兴趣才能真正被激发，学生的主体性地位才能逐步得到提高，学生也才能真正成为学习的主人。遵循主体性原则，最常见的方式就是通过分组，让学生以小组为单位展开讨论与学习，这是一种提高学生主动性的有效方式。在小组学生进行学习时，教师可以从旁辅助，采用提问，卷入等方法，让小组每一个学生都可以积极参与活动。另外，当学生集体回答某一问题时，教师还可以让学生提前互相帮助，共同找到问题的答案。

总之，在英语写作教学中，教师应该引导学生充分发挥学习的主动性、自主性，让学生积极参与活动，逐步提高自己的写作能力。需要说明的是，强调学生的主体性地位并不意味着完全忽视教师的引导作用，更不能放任学生不管，而是让学生参与写作的全过程，逐步养成独立写作的习惯，如拟订提纲、收集资料、处理信息、谋篇布局、修改初稿等。

二、翻转课堂模式下的大学英语写作教学改革的意义

（一）反馈具有实时性

翻转课堂着重于教学对象反馈的实时性，适合实践性较强的英语写作课程，大学英语写作是一门语言输出类课程，要求学生根据所学的知识和技能进行遣词、造句、组段，实践性较强，这种课程需要学生的反馈和教师的纠正实时发生。在传统课堂模式下，批阅作文始终是让教师头疼的一件事，对于习作中出现的错误，教师难以在稿纸上充分表达修改意见，即使表达出来了，学生也难以完全理解教师密密麻麻的批改意见。因此，反馈、纠正两个环节处于不清晰状态，作文批阅的有效性很低。在翻转课堂模式下，学生在计算机上现场编辑作文，实时反馈知识掌握程度；教师巡视课堂，实时纠正学生的习作错误。反馈和纠正两个环节实时地、个性化地发生，可以切实有效地提高学生的写作水平。

（二）整合碎片化学习和合作学习

翻转课堂能够整合碎片化学习和合作学习，创建全新的教学策略。碎片化学习具有针对性强、吸收率高、灵活性强的特点，目前许多学生利用平板电脑、手机等移动设备

在网络上进行学习，他们更愿意接受碎片化的学习方式，并且学习效果也较为理想。碎片化学习能够利用灵巧的学习方式使学生对知识的认识更具有深度。

微视频将课堂内容精化和简化，提升学习课本知识的效率，降低学生因长时间的英语写作而造成的焦虑感和疲惫感，降低因自信心不足而产生的焦虑情绪。合作学习能够有效增加学生之间的交流，提升课堂中的互动效果，缩短学生与学生、学生与教师之间的距离。

翻转课堂能够实现更多的课堂互动，建立良好的师生关系，激发学生的学习兴趣。合作学习所具备的优势是，能够消除因成绩不平等或交流不通畅而出现的陌生感和孤独感，间接缓解学生在学习过程中产生的各种不良情绪，加强学生的归属感和团队感，有效降低英语写作时的焦虑感。

（三）有助于学生形成良好的写作习惯

“凡事预则立，不预则废”，培养良好的英文写作习惯，需要学生有较强的预习习惯，对写作的内容能有充分的准备，翻转课堂的模式让学生的听课效率大大提高，他们在课堂上的主体性也得到充分发挥。教师在翻转课堂模式下的英语写作教学过程中，重视对学生预习能力的培养，将课改精神真正落实到实践中，对英文写作的促进作用是直接而明显的。

另外，在翻转课堂学习过程中，通过微课视频，学生会听到很多范文，教师通过这种特殊的例文提供方式，展示各种文体的范文，讲明各种文体的写作要求和注意事项，如日记、便条、书信、通知的格式等，并给予必要的提示，使学生掌握各种体裁文章的格式。

微课的教学方式简短快捷，学生能够迅速找到英文写作的突破口。同时，翻转课堂的教学模式让学生有直接的写作启示类的观察活动，学生能够仔细观察、发挥想象力，并在小组活动过程中先说后写，形成良好的写作习惯。

（四）有助于提高学生的写作能力

翻转课堂教学提倡的同伴互助学习和课堂讨论的学习模式有助于学生提高外语写作水平，因为这种互助教学形式能够增加学习活力，提高学生的学习兴趣，并且在同伴的影响下改进学习策略，更加高效地习得知识。集体讨论为学生提供了更加丰富的反馈信息，学生一旦接受了互改文章，就会在写作时不自觉地将同伴也作为读者对象，而不像以前仅仅为教师一个人而写。

在修改文章时，学生批改同伴作文时都会非常仔细：他们会反复阅读同伴的作文；遇到自己也不太确定的疑难点，就会去查阅；批改后会认真写上评语，这些评语的语言水平往往要高于他们自己的作文。这个过程本身就是学习写作技巧的过程，这样要比教师周而复始、一成不变地修改文章给出评语更能调动学生写作的积极主动性。

三、翻转课堂模式下的大学英语写作教学创新方法

（一）翻转课堂模式下大学英语写作教学方法的创新

1.教材选择强调课程之间的连贯性、教学素材的本土性

选择的写作教材不仅要包括应用文文体，而且要包括基础写作、文学写作等其他文体，这些教材内容不仅要为学生提供更多的自学资料，而且能弥补教学计划中课程设置缺乏连贯性的不足。同时，在考虑版本时教材的素材最好来自本土，提供学生比较熟悉的案例，以符合语言教学的真实性要求，适合本地区教学。

2.注重实用性、多样性、可操作性、指向性

从教学内容来看，重点是教材中的应用文写作章节，从生活便条到公务便函，从个人简历、求职信到商务信函，各项内容相互关联、循序渐进，让学生综合掌握各种活动中的信函要求。

从教学辅助手段来看，通过学校的教学管理平台，教师上传教学大纲、授课计划、课程说明、电子教案和教学资料，设置网上交流和实时答疑，安排计分作业，建设小型题库，并设置在线测试。

从教学组织形式来看，安排在机房上课让学生现场作文。

从教学方法来看，采用任务型教学法，让学生在完成给定任务（计分作业）的过程中，了解各种作文的格式，熟悉写作的基本知识和基本技能。

3.教学过程强调教学对象的主体性、教学程序的连续性

学生在上课前自学指定的教材章节和电子教案，上课时教师在布置写作任务后简要介绍任务将涉及的知识点，然后学生分头在计算机上写作。对于学生提出的共同问题，

教师会集中讲解，但大部分时间是一对一辅导。为了保证课堂上每个成员的学习积极性都能被调动起来，教师可发动基础好的学生做“小老师”，帮助基础差的同学解决一些简单的问题。

课后，学生把写好的作文上传到教学管理平台的计分作业栏目，由教师批阅。值得一提的是，经过课堂上的个性化辅导，学生习作中的语法和句法错误已经不多见，教师批阅的作用主要在于肯定哪篇作文更加有逻辑性、更加合情合理，并且把优秀作文设置成“展示”，为没有到课的学生提供范例。

4.教学评估强调实践性、过程性

大学英语写作课程作为语言输出类课程，集中检验了学生对以前输入性课程的掌握情况，现场作文是最直观、最有效的检测手段之一。因此，在翻转课堂教学模式的应用过程中，教师会强调现场作文的过程和质量，把它作为阶段性评估的重要组成部分。期末考试采用闭卷形式，范围覆盖本学期所学的全部应用文体，学生要根据要求在机房内完成作文。

（二）翻转课堂模式下大学英语写作教学的辅助策略

1.语块教学法

研究表明，英语中存在词汇程式现象，也就是成串的语言结构，这些词汇组合就被称为语块。语块教学法作为英语教学中一种行之有效的方法，也可以广泛应用于写作教学。教师可以借助这一方法向学生介绍有关语块的基本知识，如概念、分类等，让学生明白语块对语言能力提高的重要意义。学生明白了语块的重要性，就会在学习中不断积累语块并有意识地加以运用，从而写出优美、地道的文章。具体来说，英语教师可以通过以下两个方面展开语块教学法：

（1）建构相关的话语范围知识

所谓相关的话语范围知识，主要包含与主题相关的各种社会知识与文化知识。在传统的写作教学中，这一环节未引起师生的足够重视，实际上这是写作教学的第一步。在这一阶段，教师需要在以下几个方面做出努力：

第一，向学生传授与话语范围相关的知识，并帮助学生掌握知识。具体来说，教师可以与学生进行交流，也可以让学生对其他学生的相关经历有所了解。

第二，对与话语范围相关的双语语言进行比较，尤其是不同语言的异同点，从而了

解这些语言背后的文化背景，以及文化背景对话语范围所产生的影响。

第三，对与话语范围相关的词汇及表达形式进行列举、选择与整理。具体而言，教师可以引导学生开展如下教学活动：①教师提前为学生准备一些与话语范围相关的语篇，让学生对这些语篇进行比较与探讨，以便学生发现不同语言的异同点；②在课堂上，教师组织学生探讨自身的经历，如旅游经历，可以让学生对自己旅游过的地方、乘坐的交通工具等进行描述；③教师安排学生准备一些与主题相关的物品，如实物、照片、视频等；④教师可以让学生从写作的角度来认真阅读语篇，并对语篇中的语言符号、辨别意义等有所了解；⑤教师可以组织学生参加与主题相关的活动，如讨论购物主题时可以让学生亲自去超市购物等。这些活动可以让学生对主题有更深刻的感受。

学生在阅读语篇的过程中，将自己遇到的生词等进行归纳，并将这些新词与已学内容相联系。

（2）建立相关语类的语篇模式

在这一阶段，教师写作教学的主要目的包括以下几个方面：

第一，让学生对语类及相关主题的语篇能够有清楚的了解和把握。

第二，让学生对语类结构与结构潜势有深刻的了解。

第三，让学生对语篇语境有清楚的认识。

第四，让学生对交际目的、交际功能有清楚的了解。

具体来说，教师需要在以下两个方面做出努力：

第一，通过分析语篇，向学生传达与语类相关的知识。

第二，通过分析语篇，让学生感受到与语类相关的词汇、结构等，分析这些词汇、结构等如何表达主题。

（3）通过分析语篇，让学生感受语类的社会意义

具体来说，教师在这一阶段可以安排如下几种具体的活动：

第一，教师为学生阅读一遍语篇，然后再与学生一起阅读语篇。具体来说，教师可以领读，也可以安排学生轮流进行阅读。

第二，教师引导学生根据语篇内容推测语篇的背景，如所处的社会时代、文化背景以及作者的写作目的等。教师让学生回忆他们在其他时间学过的类似的语篇，并组织学生分小组交流语篇的主要观点、主要内容等。教师组织学生分析语篇的结构与框架，如语篇由几个段落构成，这些段落如何进行连贯等。教师或者学生寻找一些类似的语篇，对语类结构的阶段方法进行训练。教师以语类为基础，引导学生对一些规律性的语法模

式进行总结与归纳。教师引导学生思考语法模式与语类的关联性。

2.对比教学法

对比教学法是在英语教学（包括写作教学）中可以采用的有效方法，因为英语和汉语两种语言存在着许多天然的差别，通过对这两种语言进行对比，可以帮助学生了解其中的差异，从而帮助他们学习英语。

在写作教学中，教师在批阅学生习作时可以灵活插入对比教学法。具体来说，教师可以适时指出学生习作中不符合英语表达习惯的语句，如果有条件，教师可直接注明地道的英语表达方式，让学生对英汉表达方式进行对比，清楚地明白其中的差别，从而在以后的写作中多加注意。

3.综合教学法

英语的几项基本技能之间并不是孤立存在的，而是互相联系、互相影响的。在大学英语写作教学中，综合教学法也是一种非常重要的教学法，将写作与其他技能结合起来进行教学，体现了事物之间互相联系的哲学观点。这里主要介绍听写结合、读写结合、说写结合以及写译结合。

（1）听写结合

在写作教学中，教师可以将写作与听力结合起来进行教学。例如，可以通过边听边写的教学方式帮助学生提高写作能力。教师可以让学生听录音或直接向学生朗读，同时让学生随时记录下来听到的内容。这里的内容可以是多样化的，既可以是英语教材上的文章，又可以是课外读物上优美的文章，还可以是一些精彩的小故事。

再如，在边听边写的基础上，教师可以进一步加深教学，让学生完成听后复述任务。具体来说，教师可以自己朗读，也可以播放录音给学生听，让学生集中精力听三遍。听完后，学生可以笔述，也可以直接进行复述。需要注意的是，在这里教师不必对学生要求太高，即不用让学生一字不落地复述下来，而是只总结出所听材料的大意即可。学生笔述或复述活动可以很好地帮助其提高语言组织和表达能力，从而为写作打下坚实的基础。

（2）读写结合

读与写之间是相互促进、相辅相成的关系，读是写作素材来源的重要途径，写能进一步加深和巩固阅读能力。在阅读过程中，很多学生都是理解了文章的内容即可，很少从中吸取有利于写作的素材。对此，教师应引导学生在阅读中体会作者遣词造句的技巧，并培养学生记笔记的良好习惯，从而使学生积累大量的利于写作的语言知识。这样，学生不仅阅读更加深刻，写作能力也会随之提高。

（3）说写结合

说和写是相互贯通的，因此教师可以通过说写结合的方式进行写作教学。例如，教学中有很多关于对话的文章，教师可以让学生将一些对话改为短文。学生在改写过程中，要格外注意时态、语态以及人称的变化，并尽量使用对话中的新词汇和新句型。教师也可以组织课堂讨论。具体来说，在课堂上，教师可将作文题目写在黑板上，让学生分组讨论，总结讨论结果，并一起完成写作任务。写作结束后，小组派出一位代表展示本组作文，供教师和其他同学评阅。

（4）写译结合

学生在翻译训练中，不仅能够提升语言意识，其写作能力也会得到相应的提高。因此，教师应将翻译与写作训练有机结合起来，对学生进行表达习惯、句法规则以及篇章结构等方面的指导，让学生了解英汉两种语言的异同，增强思维能力的转换。

第六章　翻转课堂模式下大学英语翻译与文化教学

第一节　翻转课堂模式下大学英语翻译教学

一、翻转课堂理论与英语翻译教学的结合

由于英语翻译课程具有很强的实践性，学生只有在大量的实践中才能逐渐积累翻译的技巧和经验，提高翻译能力，而仅靠课堂短暂的教学很难促进学生翻译能力的提升。目前的翻译教学主要教授具体的翻译技巧和应对具体问题的具体翻译方案，在教学方式上仍然保持着传统课堂中的直线型教学模式，完全“以教师为中心”。这种教学模式往往导致学生的综合知识存在局限性，而且翻译的实践也通常会受到教学上的翻译积累的限制，缺乏面向市场服务的翻译意识。实施翻转课堂后，教师可以利用课堂时间组织学生进行英语的表达和互动活动，学生可以获得大量的翻译实践机会，从而逐渐积累翻译的技巧和经验，提高翻译能力。因此，实施翻转课堂的教学模式符合英语翻译教学的特点。

传统教学是教师“填鸭式”灌输知识给学生，学生被动学习；而翻转课堂则带来新的教学理念，即将学习决定权从教师转移给学生，让学生自主地学习，培养学生的实践能力。翻转课堂能够根据预设教学目标，依照学生实际学习能力和需求，安排不同学习视频，让学生在课堂上能够反思自己已学到的知识，实现个性化教学和分级教学，有效实现英语翻译教学目标，进而提高学生语言意识，加强实践技能培养。

（一）翻转课堂理论与英语翻译教学结合的方法

翻转课堂教学模式注重知识传授的提前和知识内化的优化。教师在翻译教学中应有课前任务内容和课堂活动内容的设计。在英语课程中，翻译的比重相比较听力和阅读，课堂讲解训练的时间非常有限，教材也缺乏应有的翻译基本知识。为了能让学生切实提高语言的综合应用能力，熟练掌握汉英两种语言的差异，教师应适当利用翻转课堂的模式，强化学生对翻译的认识和训练。教师可依据章节内容的不同，制作教学微视频，让学生进行课前的自主学习。课堂内容应该围绕教材的翻译练习，师生和生生之间应该交流互动，从而加强学生的双语训练，培养学生的语言意识，有效提高学生的翻译水平，同时进一步提高学生阅读和写作等方面的能力。

1.制作个性化的翻译教学视频

教师制作的视频应短小精悍，时间控制在 15 分钟以内，以免时间过长而分散学生的注意力。教学内容不宜过多，可将翻译理论和技巧模块化。每个视频围绕某一个独立的知识点展开，如奈达的功能对等理论、增词减词技巧、直译意译等翻译方法，并且要做到教学重难点突出，教学目标明确。教师还应考虑到翻译教学的系统性和连贯性，与英语读写共同达成整体的教学目标。因此，选取翻译材料时应结合英语课文的内容及相关知识点，使视频起到有助于学生掌握、巩固课文知识点的作用。此外，应确保视频录制的画面和声音清晰，播放流畅。将翻转课堂运用到教学中，看似弱化了教师的作用，实则强化了教师的主导地位。课前制作教学视频时，教师需确定教学重难点，设置教学目标，布置教学任务。将视频发布到网络平台后，教师需督促学生观看视频，并对学生提出的问题进行答疑解惑。课堂上，教师需对视频中的翻译理论和技巧进行简要的回顾梳理，组织学生采取小组讨论的形式开展协作学习，完成知识内化，并对学生的译文进行点评，将好的译文展示给学生。通过生生互评、师生互评来加深学生对翻译理论的理解，强化学生对翻译技巧的运用。课后，教师还需组织学生撰写翻译反思日记，并从中了解学生的困惑，调整教学方案，提高教学质量。在翻转课堂中，学生的角色和地位也发生了变化。学生不再是被动的知识接受者，而是在教师的引导下，在参与小组的讨论活动中，变成了知识的主动探究者。

不同于传统的以教师为中心的“填鸭式”课堂，翻转课堂以学生为中心，更注重凸显学生的主体地位。教师设计课堂活动时，注重培养学生自主探究问题并解决问题的能力。制作视频时，教师多选取与学生生活相关的材料，引起学生学习的兴趣，激发学生学习的动机。另外，教师会布置一些翻译练习，供学生运用相关翻译理论和技巧进行翻译实践。课堂上，教师让学生以小组协作的形式完成学习任务并展示小组成果，能够充分发挥学生的主观能动性，体现学生的主体地位。

2.翻转课堂理论在英语翻译教学中的应用模式

借鉴国内外相关研究，可将翻转课堂理论在英语翻译教学中的应用模式分为课前知识传递、课中知识内化和课后知识拓展三个部分。

（1）课前知识传递

教师将翻译理论和技巧划分为若干个独立而又系统的知识点，运用视频录制软件将其录制成 8～10 分钟的视频，供学生课前自主学习，并布置翻译实践任务。将班级学生分成若干个小组，进行小组合译。小组成员之间分工明确，通力合作，确定终稿。每组组长将译文通过网络平台发送给教师，教师收到后对译文进行评阅，标注出学生的佳译和错译部分，并将其制作成 PPT，在课堂上进行总结点评。需要指出的是，教师应通过在线平台，督促学生完成教学视频内容的自主学习，并对学生观看视频时遇到的难点进行在线解答。

（2）课中知识内化

由于学生在课前已经自主观看了教学视频，学习了翻译理论和技巧，并完成了翻译任务，因此在课堂上，教师只需对视频中的翻译理论和技巧进行简要的回顾梳理，然后让学生以组为单位开展讨论与交流。讨论主要围绕以下问题展开：翻译的难点是什么?是用什么翻译技巧解决的?译文的语言风格是否符合需要?在学生讨论期间，教师应适当给予指导。学生讨论后，每组选一名代表采用 PPT 的形式来陈述讨论结果，展示小组译文。其他小组的学生可以针对译文的不当之处提出建议，也可以对出彩的地方予以肯定。最后教师结合事先做好的教学 PPT，对译文作出客观评价，既要肯定学生的佳译部分，又要指出学生翻译的不足之处，并将翻译理论与技巧贯穿始终，教会学生在实践中运用翻译理论和技巧。通过课堂小组的讨论交流、译文互评，学生之间互相学习、取长补短，实现了师生之间、生生之间的互动交流，促进了知识内化，充分发挥了学生在学习过程中的主体作用，有效提升了课堂功能，提高了学生的自主探究学习能力和思辨能力。

（3）课后知识拓展

通过课前的视频学习和课中的讨论交流，能够加深学生对翻译理论和技巧的理解及认识。课后的反思总结很重要，学生应在课后及时对知识进行梳理。学生应对课堂上讨论的问题进行反思总结，对译文中运用的翻译技巧进行巩固，并做到举一反三，将其运用到翻译实践中。教师要鼓励学生撰写反思日记，从中了解学生的困惑之处，给予其在线指导，答疑解惑，提高教学效率。

（二）英语翻译翻转课堂教学的辅助策略

1.讲授翻译技巧

（1）直译

直译就是既保持原文内容又保持原文形式的翻译方法。具体来说，直译要求在符合译文语言规范的基础上，在不引起错误联想和误解的情况下进行直接翻译。直译可以说是翻译过程中的首选方法。

例 1：Failure is the mother of success.

译文：失败是成功之母。

例 2：Distant water cannot put out a nearby fire.

译文：远水救不了近火。

需要注意的是，直译绝对不等于死译。如果不顾英汉两种语言之间的差异，一味追求直译，就必然会造成误译。

例 1：He is a dead shot.

误译：他是个死射手。

正译：他是个神枪手。

例 2：We cannot estimate the value of modern science too much.

误译：我们不能过高地估计现代科学的价值。

正译：对现代科学的价值无论如何重视也不过分。

（2）意译

意译是指当原文的思想内容与译文语言的表达形式存在矛盾而不宜采用直译法处理时，从意义出发，采用不同的语言形式进行翻译，重在保存原文的思想内容。由于中西方存在诸多文化差异，这些差异反映在思维习惯和语言表达上，造成翻译过程中有时很难保留原文的文化特色和具体形象。在这种情况下，译者无法采用直译，那么可借助于意译，以准确表达原文含义。

例 1：Business was rather slow last year.

译文：去年生意不太景气。

例 2：You'd better go slow in reaching a conclusion.

译文：你最好不要急于下结论。

需要注意的是，意译也并不等于乱译。意译虽然强调神似，以表达意义为主，但不能歪曲原文，否则便是乱译。

例：The best conductor has the least resistance and the poorest the greatest.

乱译：最好的指挥员极少遇到抵抗，而极差的指挥员会遇到极大的抵抗。

正译：最好的导体电阻最小，而最差的导体电阻最大。

（3）释义

释义是指舍弃原文中的具体形象，直接解释出原文的意思。释义从某种程度上来说也是一种意译。运用释义法是为了使译文在风格上保持前后一致，避免由于机械翻译而造成的格格不入感和突兀感。采用释义法进行翻译时，尤其要注意两点：一是释义要准确，要有根有据，不能胡乱解释；二是应保持译文行文简洁，不能使译文拖沓臃肿。

例 1：The study had a Spartan look.

译文：书房看起来很简朴。

众所周知，古希腊斯巴达人以生活简朴而著称。因此，此句中的“Spartan look”重意不重典，只翻译出其意即可。

例 2：She scolded her maid and was as cross as two sticks.

译文：她骂自己的女仆，而且脾气非常不好。

上例的“as cross as two sticks”如果直译为“像两根棍子一样暴躁”，会让人不知所云，因此必须采用释义法。

（4）反译

反译法是指在保持原文内容不变的情况下，将原文的肯定形式译成否定形式或者将否定形式译成肯定形式，从而使译文的表述尽量符合目的语读者的思维习惯。反译法主要包括下面两种形式：

①正话反说。由于英汉两种语言和思维方式之间的差异，英语中很多由肯定形式表达的句子在汉语中找不到与之对应的表达形式。因此，在翻译过程中有时要转换成否定形式，以使译文符合汉语的表达习惯；反之亦然。

例 1：Give me liberty，or give me death.

译文：不自由，毋宁死。

例 2：I was more annoyed rather than worried.

译文：我与其说是着急，不如说是恼火。

②反话正说。英语中有些否定的表达，但其意义是肯定的，且在翻译成汉语时找不到与之对应的表达形式，因此只有在把它转换成肯定形式后才符合汉语的思维习惯。

例 1：No man is wise at all times.

译文：智者千虑，必有一失。

例 2：Such theft couldn't long escape notice.

译文：这种偷窃行为迟早会被人发现。

（5）分译

分译是指为了使译文的行文合乎目的语的表达习惯，将原文中个别的词、词组或句子分解开来单独译出。分译主要分为下面三种情况：

①词的分译。词的分译是指原文中的某个词涵盖了两个或两个以上的语义成分，在翻译时将其词义进行分解，然后分别译出。

例 1：They，not surprisingly，did not respond at all.

译文：他们根本没有答复，这是不足为奇的。

例 2：Some young people relentlessly tear at the flowers they see.

译文：有些年轻人看见花就摘，毫不爱惜。

②短语的分译。短语的分译可分为短语词义的分译和短语结构的分译。

例 1：Our power increased with our number.

译文：我们人数增加了，力量也随之增强。

例 2：She arrived in London at a ripe moment internationally.

译文：她来到伦敦，就国际形势来说，时机正合适。

③句子的分译。句子的分译就是把一个由多个成分盘根错节地组合而成的长句分译成若干个较短的句子，使表达尽量符合目的语的行文习惯和目的语读者的审美情趣。

例 1：The earth's revolution around the sun is known to all of us.

译文：我们都知道，地球绕太阳运行。

例 2：She built upon these natural gifts daily.

译文：在天赋的基础上，她坚持训练，技艺与日俱增。

（6）增译

增译法是翻译过程中经常用到的方法，它是指为了保证译文语法结构的完整、意义的明确以及修辞上的生动形象，基于英汉两种语言表达方式的差异所进行的必要的增补。增译法主要有以下几种情况：

①因语法上的需要增译。这主要是指翻译时对各种词类和一些特殊句式的增译处理，具体来说主要包括以下几种情况：

其一，增加动词。为使句子意义明确，通顺自然，符合译入语习惯，可以在名词前后增加动词。

例 1：He dismissed the meeting without a closing speech.

译文：他没有致闭幕词就宣布结束会议。

例 2：After the football match，he still has an important meeting.

译文：在观看足球比赛之后，他有一个重要会议要参加。

其二，增加名词。在翻译过程中可以在抽象名词、具体名词或不及物动词后增加名词。

例 1：Oxidation will make iron and steel rusty.

译文：氧化作用会导致钢铁生锈。

例 2：The remedy you propose is neat and easy but impossible.

译文：你提的补救措施倒是干脆利落、轻而易举，但是行不通。

例 3：She could knit when she was eight.

译文：她八岁时就会织毛衣。

其三，增加量词。英语中数词与可数名词之间往往没有量词，而汉语中有丰富的量词。因此，在翻译的时候，应根据汉语表达习惯增加合适的量词来修饰名词。

例 1：Once，they had a quarrel.

译文：有一次，他们争吵了一番。

例 2：A red sun rose slowly from the calm sea.

译文：一轮红日从风平浪静的海面冉冉升起。

其四，增加副词。英语中的某些动词在汉译时，需要根据上下文补充适当的副词，这样才能保持语法上的完整性，从而准确表达出原意。

例 1：He sank down with his face in his hands.

译文：他两手蒙着脸，一屁股坐了下去。

例 2：The crowds melted away.

译文：人群渐渐地散开了。

其五，增加时态词。英语中的动词有时态和语态的变化，而汉语动词没有对等的表现形式。因此，在翻译时需要增加汉语中表达类似意义的词。

例 1：The old man had taught the boy to fish and the boy loved him.

译文：原来，是那位老人已经教会了孩子捕鱼，所以孩子很爱他。

例 2：I had never thought Id be happy to find myself considered unimportant.But this time I was.

译文：以往我从未想过，当我发觉人们认为我是无足轻重时，我会感到高兴。但这次情况确实如此。

其六，增加语气助词。英语中没有丰富的语气助词，翻译时应根据原文的意义和语气色彩，适当增加汉语中的语气助词，如“啊”“呀”“吗”“啦”“吧”“呢”等。

例 1：As for me，I didn’t agree from the very beginning.

译文：我呢，从一开始就不赞成。

例 2：Their host carved，poured，served，cut bread，talked，laughed，proposed health.

译文：他们的主人，又是割啊，倒啊，服务啊，切面包啊，谈啊，笑啊，敬酒啊，忙个不停。

②因意义上的需要增译。意义方面的增译是指将原文句子中的隐含义，或由于文化差异不易为译文读者所理解的内容，在翻译时增补出来，以使译文概念和意思表达清楚，并符合译入语的表达习惯。意义方面的增译有以下几种情况：

其一，增加形容词。英语中一些名词在翻译时需要增译形容词，这样才能使意思表达完整。

例 1：“Army will make a man of him”，said his father.

译文：他的父亲说：“军队会把他造就成一个堂堂的男子汉。”

例 2：Speed and reliability are the chief advantages of the electronic computers.

译文：速度快、可靠性强是电子计算机的主要优点。

其二，增加副词。根据原文的上下文，有些英语句子中的动词在翻译时增加适当的副词才能准确表达原意。

例：She lingered long over his letter.

译文：她反反复复地回味着他的来信。

其三，增加概括词。英汉两种语言中都有概括词，但有时英语中并没有出现，在翻译时可以适当增加概括词，如“双方”“两人”“等等”“凡此种种”等。

例：They talked about wage，price and inflation.

译文：他们谈及工资、物价、通货膨胀等问题。

其四，增加承上启下的词。有时为了理顺译文上下文之间的逻辑关系或平衡句子结构，需要增加一些承上启下的词汇。

例：The sun warms the earth，which makes it possible for plants to grow.

译文：太阳使地球温暖，从而使植物得以生长。

③因修辞上的需要增译。有时，为了使译文活泼生动、优美自如，或是为了强调的目的，需要增补适当的描述词、语气助词等，或需要使用叠词、重复等某些修辞手段。

例 1：I hope that the meeting will not be too long，for it will only waste time.

译文：我希望这次会议不要开得太久，太久了只会浪费时间。

例 2：The dainties of the great are the tears of the poor.

译文：富人口中的美味，是穷人眼中的泪水。

④因文化上的需要增译。由于文化背景不同，英语原文中往往包含许多带有文化色彩而且不易为译文读者所理解的词语，或者原文中包含一部分需要阐明原文背景情况的词汇和意义，而这些语言特点都需要在翻译的过程中使用增译法，以帮助译文读者正确理解原文的语言文化现象和特点。

例 1：Three cobblers with their wits combined equal Zhuge Liang，the master mind.

译文：三个臭皮匠，顶个诸葛亮。

例 2：The blond boy quickly crossed himself.

译文：那个金发小男孩立刻在胸前画十字，祈求上帝保佑。

（7）省译

由于英汉语言上的差异，有时如果一字不差地将原文翻译过来，往往会造成译文啰唆和语句冗长的现象。因此，在忠实于原文意思的基础上，适当地使用减译法可使译文简洁明了、清晰流畅。当然，需要注意的是，省译并不是将原文中的某些思想内容删掉，而是要做到省词不省意。省译具体包含以下几种情况：

①因语法上的需要省译。英语中的有些词大多是因为语法上需要而存在，这些词语在汉译过程中可以加以省略，具体主要有以下几种情况：

其一，省略动词。英语句子中的谓语必须有动词，而谓语通常又是句子中不可缺少的成分，因此英语的句子少不了动词；而汉语不一定要用动词作谓语，因此在翻译时，可将谓语动词省略。

例 1：For this reason television signals have a short range.

译文：因此，电视信号的传播距离很短。

例 2：In spring the day is getting longer and longer and the night shorter and shorter.

译文：春季白天越来越长，夜晚越来越短。

其二，省略名词。英语介词 of 后面的名词，有时译成汉语后就已经将意思表达清楚，这时便可以将 of 前面表示度量等意义的名词省略不译。科技英语中，有时某一个概念同时用名词和其同义词来表达，而按照汉语习惯只需译出一个，另一个则可以省略不译。

例 1：Going through the process of heat treatment，metals become much stronger and more durable.

译文：经过热处理后，金属强度更大，更加耐用。

例 2：The sun and a grain of sand are both bodies，for each consists of a definite amount of matter.

译文：太阳和沙子都是物体，因为它们都是由一定数量的物质组成的。

其三，省略代词。英语中使用代词的情况比汉语要多，因此在翻译的时候应注意适当省去英语原文中的某些代词，以使汉语译文通顺流畅，符合汉语的表达习惯。

例 1：He who never reached the Great Wall is not a true man.

译文：不到长城非好汉。

例 2：He was thin and haggard and he looked miserable.

译文：他消瘦而憔悴，看上去一副可怜相。

此外，it 的用法有很多种，可以用作非人称代词、先行代词，也可以表示天气、季节、距离等，还可以用作形式主语、形式宾语或用在强调句型中，在这些情况下翻译时一般省略不译。

例 1：Outside it was pitch dark and it was raining cats and dogs.

译文：外面一团漆黑，大雨倾盆。

例 2：It is dead quiet and extremely dark outside.

译文：外面万籁俱寂，一片漆黑。

其四，省略冠词。英语的名词前常使用冠词，以帮助指明名词的含义，而汉语中是没有冠词的，因此，在翻译时，往往可以省略冠词。

例 1：The earth goes around the sun.

译文：地球绕太阳转。

例 2：A camel is much inferior to an elephant in strength.

译文：骆驼在体力方面远不及大象。

需要注意的是，在有些情况下，冠词不可以省略。

例 1：The children are of an age.

译文：这些孩子都是同岁的。

例 2：Tom left without saying a word.

译文：汤姆一句话不说就走了。

其五，省略连接词。英语重形合，而汉语重意合，即汉语中并列连词使用得较少，其上下关系通常是暗含的。因此，在翻译英语句子时可根据汉语习惯省略某些连接词。

例 1：When I sing，I sing off-key.

译文：我一唱歌就走调。

例 2：Where there is a will，there is a way.

有志者，事竟成。

其六，省略介词。英语中介词数量繁多，且使用频繁，而汉语中介词的数量和使用频率都相对较少。因此，在翻译时应根据实际情况适当省略介词。

例 1：Smoking is prohibited in public places.

译文：公共场所禁止吸烟。

例 2：He stood by the desk.

译文：他站在桌旁。

②因意义上的需要省译。根据英汉表达习惯的不同，英语翻译成汉语时可以省略一些可有可无的词语，或当直译不符合译入语表达习惯时，也可以省略一些词语。

例 1：University applicants who had worked at a job would receive preference over those who had not.

译文：报考大学的人中，有工作经验的优先录取。

例 2：Doctor Winter went out and shut the door gently behind him.

译文：温特先生走了出去，并轻轻地关上了门。

③因修辞上的需要省译。有些原文由于修辞需要必须重复某些词语，以起到强调作用，根据译文表达习惯，有时会省略这些重复的词语，使译文简洁明了。

例 1：The love for her husband and child was part and parcel of her life.

译文：她对丈夫和孩子的爱构成了她生命中的主要部分。

例 2：The little match-girl shook and trembled with cold.

译文：卖火柴的小女孩被冻得瑟瑟发抖。

2.开展文化教学

翻译与文化密切相关，无论是哪个领域的翻译都会涉及文化问题，所以说语言的翻译过程，实际上也是文化的翻译过程。在翻译教学中，教师应采用文化教学法适时地融入文化知识，以加深学生对翻译的认识，提高学生的文化素养和跨文化翻译能力。具体来讲，教师可采用以下几种方法向学生导入文化知识：

（1）比较法

在翻译教学中向学生导入文化知识，最常采用的方法就是比较法。所谓比较法，就是将英语文化与汉语文化进行比较，将跨文化能力与英语运用能力结合起来，使学生在学习语言知识的同时，不知不觉地吸收文化知识，进而获得跨文化交际的文化敏感性。例如，“狗”在汉语文化中往往具有贬义的含义，与之相关的词语也多为贬义词，如“走狗”“丧家之犬”等。但是，英美人对狗十分钟爱，将狗看作人类忠实的朋友，所以“dog”在英语文化中多具有褒义的含义，如“Every dog has his day.”（人人皆有得意日）、“You are a lucky dog.”（你真是个幸运儿）等。如果对英汉文化差异缺乏了解，就很容按照汉语思维进行翻译，进而造成误译。

（2）专题讲座法

专题讲座法也是培养学生文化意识的有效方法。专题讲座法就是在比较英汉文化的基础上，针对学生在学习过程中遇到的一些文化难题进行分析和总结，不定期地邀请一些专家或外教有意识地开展一些英美文化知识的专题讲座。专题讲座具有时间集中、信息量大等特点，可以有针对性地加强学生跨文化交际的文化敏感性，提高学生的文化素养。

（3）课外补充法

尽管课堂是培养学生翻译能力的重要场所，但是课堂时间毕竟是有限的，再加上英语翻译的课时本来就少，所以学生在课堂上是不可能全面掌握翻译知识的。而课外的时间非常充裕，因此教师可以引导学生充分利用课外时间，如鼓励学生课外阅读英美书籍或杂志，课外观看英文原版电影或录像，或通过互联网查阅丰富的英语文化资源等，这样不仅可以培养学生的自主学习能力，增强学生思考问题和解决问题的能力，还能显著提高学生的翻译水平。

二、基于翻转课堂理论的英语翻译教学实践

（一）翻转课堂模式在英语翻译课程中的应用

1.教师备课

备课是对教师教学最基本的要求，教师在课前要做好教学视频并设计相关练习。教学视频的制作要以学生特点、课程性质、教学目标以及教学内容为基础。对于英语翻译这门课来讲，视频的内容不宜呈现过多翻译理论的讲解，应该以常用词汇和实用翻译技巧的介绍为主，所有译例必须精挑细选，既要典型、严谨，又要有一定的趣味性，避免使用专业性太强的词汇、句子甚至语段。

2.学生课前学习

学生在课前对将要学习的知识进行预习可以更加有效地上好本节课，更好地领悟教材上的知识。学生可以使用计算机或者手机观看教学视频，可以自主选择播放进度。学生在观看完视频后，要完成教师提前布置的练习。练习的模式可以是本单元一篇文章的阅读，词汇的识记或某一具体翻译技巧的操练，做到由易到难，循序渐进。学生可以使用工具书或通过网络查阅相关资料，通过自己的思考仍无法解决的问题，可以求助同学或教师。

3.课堂探究活动

教师通过检查练习和线上的师生互动，能够有效地对学生学习中的重难点进行汇总整理，完成此项工作后，教师要组织学生对在课堂上提出的有关翻译问题进行探究。为了使这一重要的教学环节充分发挥效用，可采用翻转课堂模式。翻转课堂教学具有较强的可操作性和实践性，注重培养学生分析问题和解决问题的能力，将学生置于教学的中心地位，关注并帮助作为认知主体的学生在翻译实际操作过程中顺利解决所遇到的种种翻译问题，把学生的参与度作为决定教学效率的重要因素，让学生通过共同讨论问题、分析问题和解决问题完成某个翻译项目，并让学生的协作能力得到充分锻炼。

英语翻译的翻转课堂模式可充分利用“翻译工作坊”模式，具体操作如下：

第一，把学生按照知识背景、双语水平、沟通能力、性格特点以及领导能力分成若干小组，尽可能做到“组间同质，组内异质”。

第二，教师依据学生的知识储备、双语水平、翻译能力选择合适的英语文本，不宜

采用专业性太强的材料，建议使用一般性的科普文本或者产品说明书、设备操作指南等。

第三，学生轮流高声阅读文本，熟悉话题，理解文本大意。

第四，学生各自默读文本，标记出不熟悉的科技词汇和术语，思考复杂的句法结构和上下文之间的逻辑关系。

第五，进行初步翻译，必要时借助词典、网络或者翻译软件。

第六，小组中的每个成员高声朗读自己的译文，其余学生集中精力倾听，对照各自的译文，对译文中值得注意的地方或有疑问的地方做上批注。

第七，评选最佳译文，如果水平相当，可以在适当修改之后保留各自译文。

第八，反思自己的翻译过程，与成员分享自己利用翻译理论和技巧解决难点的思路。

第九，教师针对翻译学习中出现的一些普遍问题进行集中讲解，每个小组推选代表与全班同学分享翻译经验，并展示小组最佳译文，由教师进行总结点评。

4.教学评价

翻转课堂模式应该采用定性和定量的方式对学生的学习态度、学习过程和学习成果进行综合评价。学生在网上学习的记录、课堂探究活动的参与度以及译文的质量都可以作为评价时的参考。另外，学生的自我评价、学生之间的相互评价对英语翻译教学起着重要的反拨作用。

（二）江苏大学英语翻译课程翻转课堂教学实践

1.课前准备工作要充分

（1）教师制作视频

教师在课前要做好视频，提供相关素材。一般视频可以通过两个渠道收集，一个是网上现有的资源材料，这个一般不太适合；另一个是教师根据自己学生的特点、本课程的性质以及教学目标要求来自制教学视频，视频时间不宜太长，一般在 10 分钟左右，这样便于学生集中注意力，引发学生主动学习和思考。

（2）学生观看视频

学生观看视频不受时间和地点的限制，学生可以在家看视频学习，可以白天看也可以晚上看，看累了可以休息一下再继续看。学生可以一边看一边做好笔记，把重难点或自己不懂的地方写下来，以便在课堂上与同学和教师一起进行讨论与交流。

（3）课前练习及师生交流

学生看完视频后，要完成教师提前布置的作业，如果在做作业的过程中遇到了疑难问题，就可以通过社交媒体（即聊天室或留言板）与同学或教师进行同伴交流或师生交流，和同学交流后还是无法解决的问题可以和教师交流。

2.课堂设计

课堂设计应充分调动学生的积极性。在进行课堂活动设计时，可以依据建构主义学习理论，充分发挥学生学习的积极性和主动性，从而实现知识的内化。

（1）确定问题

在翻转课堂教学活动中，教师可以将学生在课前观看视频及做练习中遇到的疑难问题以及在课前通过远程与同学进行讨论后还没有解决的问题在课堂上提出来，共同进行研讨。另外，教师觉得是难点重点的问题也可以提出来进行讨论。

（2）解决问题

针对在翻转课堂上提出的翻译问题，学生可以自由选择自己感兴趣的或比较了解的问题、题目进行独立探索，不断培养独立意识和自主学习能力。翻转课堂也就是反转课堂，是指从传统的学生被动接受知识和答案转到学生主动独立思考和解决问题，从而让学生在独立学习的过程中完成知识内化和知识体系的构建。

在该校的翻译课中，每位学生通过提问确定问题后，在课堂上进行师生之间和生生之间的讨论，最终解决疑难问题，对知识进行了重新的建构，培养和提高了学生独立自主的学习能力。

3.探究活动

教师要组织学生对于在课堂上提出的有关翻译问题进行探究，把学生分成若干组，每组 2～5 人，并且每组确定一位组长，针对提出的问题进行探究式研讨，每组成员都必须积极参与其中。通过小组讨论与交流来完成学习任务，在翻转课堂的问题探究活动中，教师要随时注意学生的探究动态并及时进行指导。

（1）交流成果

针对共同提出的翻译问题，学生经过独立思考、集体探究后，把小组讨论的最终结果通过多种形式（成果演示、小型比赛、辩论会或报告会）来进行展示与交流，从而分享学习的收获。

（2）评价与反馈

翻转课堂上的反馈和评价与传统课堂有很大不同。传统课堂上一般是教师给予评价，而翻转课堂上除了教师外，专家、学者、学生都可以参与其中，这就体现了新课堂上反馈评价体系的多维度，并且评价方式也是多元化的评价：形成性评价与终结性评价、自我评价与他人评价。通过多维度、多方式的反馈评价结果，教师最终确定下一节翻译课的教学计划。

4.重视课后总结与反思

翻转课堂教学模式主要由课前和课上两部分构成，但是课后的总结与反思也是很重要的。教师和学生都需要对课堂上的问题进行总结与反思，然后传到网络平台，供师生之间互相讨论。这些经过整理的资料也可以长期保存下来，以备学生查阅，没有参加课堂讨论的学生也可以课后补救学习。因此，课前、课上、课后三部分是互相补充、互为一体的。

这一教学行动研究受到了学生的一致好评，学生很享受小组讨论这一过程。教师在班级各组间巡视时，发现学生关注的知识点会超越教师的认识，这对教师来说也是一大收获。此教学行动研究虽解决了一些问题，但同时出现了两个新的问题。首先，在组织课堂讨论的过程中，教师对学生的讨论时长很难掌控。按计划，学生的讨论时间设定为 20 分钟，但最终学生用了 35 分钟去讨论，打乱了教学安排。在代表上台口头陈述时，在某些方面的讨论上停留过久，最终导致最后几组的代表没时间上台发言，只得匆匆地读了一下他们的译文，教师直接做点评。因此，在进行课堂讨论时，一大难点就在于对时间的掌握。若时间管理不当，就很难完成教学任务。其次，由于课堂上学生积极参与讨论，教学内容会得到极大拓展，这就要求教师课前必须做足功课。结合学生的作业批改情况和在线答疑，教师要清楚学生在哪些方面存在疑惑，还要预测学生可能在哪些方面会提出问题。对需要重点讲解的地方，教师要做好标注，以便在课堂讨论时，能够有针对性地给予学生及时的反馈。新翻译教学模式无论是对教师还是对学生都提出了更高的要求。带着这些问题，教师将进行下一轮的翻转课堂教学行动研究。

（三）北京大学“翻译技术实践”翻转课程教学实践

1.课程目标的分析和分解

与多数学校相比，北京大学“翻译技术实践”的课程目标要求更高：在理论教学上使学生了解软件背后的技术原理，通过掌握在行业、技术、软件发展背后的脉络和关键原理来增强学生的基础思辨能力，强调实战能力，不只是让学生熟练掌握一两种软件，而是对涉及翻译工程项目流程的各种翻译技术和工具都要有所涉猎和了解。此外，该校的翻译技术教学还强调培养学生在现实的大型翻译项目和流程中应用信息技术和管理技术的能力。

为解决传统课程长期以来的教学活动单一的问题，近年来北京大学尝试在“翻译技术实践”课程中引入 CAT 软件竞赛，对课程进行游戏化改造，以激发学生的学习热情和主动精神，但这类教学活动此前局限于学生对 CAT 软件功能的学习。课程 MOOC 化之后，软件使用教学多数转为视频教学，学生有能力学有所为，将有更多时间用于组织项目式的学习竞赛，在实践中掌握软件。相比以往，学生不仅要选择自己感兴趣的 CAT 软件，还要完成一个完整的翻译实践项目，要通过自我探索与合作学习提出完整的解决方案。这种游戏化的具有明显竞争与合作机制的项目竞赛目前无法通过 MOOC 平台开展，只专属于北大校内学生，但是我们将学生竞赛优胜者的视频放在网上，MOOC 的互联网学生可以被动地参加。

2.翻译技术课程

在 MOOC 环境下的组织规划“计算机辅助翻译原理与实践”MOOC 课程在教学内容设计上，以“翻译技术实践”课程原有的知识框架为基础，重新规划了课程的教学大纲，参照课程内容编制了“纵向”和“横向”原则，对各章知识点做了进一步切分。

（1）课程内容规划

该课程以实现“行为目标”和“解决问题的目标”为出发点。课程主体内容参考国内外学者对译者翻译能力的研究以及现代语言服务行业对译者职业素养的需求，以传统教学体系为基础，要求学生至少能够形成信息检索能力、工具操作能力和项目管控能力，最终实现对多种现代语言处理技术的综合运用。

该课程以上述三种能力为基础进行教学内容的组织和细化。MOOC 课程划分为 12 个章节，完整涵盖现代语言服务市场需求、翻译技术原理以及工具使用、项目管控等内容。此外，MOOC 课程还扩展了原有的知识体系，在教学中融入更多的翻译项目实例，同时在每章节中增加“技术专题”，介绍多种信息技术工具在翻译过程中的应用。

（2）课程知识点组织方式

课程内容的组织是 MOOC 课程建设的核心工作，也是后续课程建设任务得以开展的基础。该课程在内容切分上并不是对各个知识点进行简单分割，更多的是考虑知识点之间的层次和扩展关系，以避免出现过多的知识碎片，从而使学生形成完整的知识体系。我国著名的课程论学者施良方认为，教师在编制课程内容时要注意处理好“纵向组织”

与“横向组织”之间的关系，这为这门课程的内容切分提供了良好的指导作用。

①纵向组织原则下的知识切分。纵向组织原则强调对课程进行序列化的组织，按照由简到繁的顺序排列课程内容，先让学生进行辨别，然后学习概念。换言之，在课程建设过程中，可以首先介绍与知识点相关的内容概览或知识背景，再对各个知识点做深入的分析和解释。课程首先对所要讲授的技术原理进行概述性介绍，然后对这一理论的相关知识要点进行分解和深入探讨，帮助学生建构起抽象思维背后的知识脉络。接下来通过恰当的翻译案例或项目实践，向学生言明和展示技术理论对翻译工作所起的促进作用。最后鼓励学生以辩证的思维看待当前的技术以及软件应用，并对这一技术的未来发展进行畅想，启发学生进行创新性的思考。

②横向组织原则中的技术专题。横向组织的原则要求打破学科的界限和传统知识体系，以便学生有机会更好地探索社会和个人最关心的问题。在该课程中，时常需要面对概念性知识与工具教学之间的矛盾，即一味地强调原理概念，容易忽视知识在实际生活中的应用，而过于强调工具教学会使课程变成一种技能培训。为解决这一问题，在课程各章设置了“技术专题”——主要围绕与翻译工作相关的广义和狭义翻译工具的使用进行介绍。技术专题可能与该章节知识相关。例如，在语料库章节的技术专题中，结合相关的翻译案例，对杨百翰大学 BYU 语料库的使用进行介绍；技术专题也可能与该章节内容相互独立，如在部分章节的技术专题中，介绍视频字幕的翻译方法、Beyond Compare 文件比较工具在翻译工作中的使用。技术专题多为传统教学中因授课时间限制难以完整呈现的内容，能够启发学生对新技术、新工具应用于翻译实践工作进行横向思考，形成课程主体内容之外的一种有益补充和扩展。

③课程讨论题及作业题的设计。MOOC 课程中的讨论题和作业题是教学内容的一部分，这些内容能够鼓励学生对知识进行回忆，满足教学测试的需要，通过较为恰当的设计，能够承担一部分教学任务，以使教师对课程内容做出合理安排。在实际工作中，我们对课程内容的类型加以思考，辨别哪些内容通过视频形式讲解能够获得更好的学习效果，而哪些内容通过设置讨论题的形式能够让学生进行发散性思维，促成主动性，探索性学习。我们将课程讨论题分为“强化记忆”“知识共建”“鼓励思考”三种类型。例如，鼓励学生总结搜索引擎、翻译记忆、术语管理等方面的技术原理，或者让学生评判某种翻译结果的好坏并提出改进过程，也可考虑以讨论题的形式让学生收集更多的搜索引擎高级语法、翻译行业标准等。

MOOC 课程作业题能够对学生提交的回答进行即时反馈，帮助学生强化记忆，促进理解，保持学习的注意力。该课程在每个章节设置了一定的作业题，采用机器自动评分方式，要求学生在规定的时间内完成，作为课程成绩评判的重要组成部分。这些作业题来自每个章节较为重要的知识点，强调学生对知识的回忆和理解，对于需要深入讨论的问题更多地是以讨论题的形式来设计的。作业内容主要是以常识性知识、理解有一定难度或较为重要的知识点作为考量。例如，考查学生对搜索引擎技术原理的理解，或者考查学生对翻译记忆实现流程的整体感知。

第二节　翻转课堂模式下大学英语文化教学

英语教学在跨文化教育中处于前沿阵地，通过翻转课堂这一新兴模式实现有效的跨文化英语教学，能够满足新时期对国际化人才的需求，具有重要的战略意义。具体而言，将翻转课堂理论运用于英语文化教学，能有效培养学生的自主学习意识，使学生可以自行获取文化知识信息，使学生可以在模拟互动的环境中进行交流，确保文化教学的有效实施。

一、翻转课堂理论与英语文化教学相结合的必要性与可行性

（一）翻转课堂理论与英语文化教学相结合的必要性

培养自主学习能力是进行跨文化英语教学的前提，外语交际能力和跨文化交际能力的提高在很大程度上要依靠学生的主观认识和亲身体验，自主学习能力是跨文化教育中学习活动、实践体验、探索深化等环节顺利完成的重要保证。在新媒体技术的支持下，翻转课堂将传统的知识传递过程放在课下，学生在教师提供的资料的辅助下，不分水平层次，可以自主安排和执行知识的学习、问题的解决、任务的完成，其主体地位得以体现，推动了自主学习能力的发展。同时，在这一个性化的学习过程中，学生可以从容做

足跨文化外语学习的课堂准备。在心理上，翻转课堂减少了传统课堂上学生因为基础差异等因素而形成的自卑或自负的不良情绪；在知识准备上，先排除主题语言和文化认知的障碍，学生在课堂上就能畅通无阻地进行深入的跨文化思考、辩证探讨、交流与合作。学生的主观能动性得到提高，他们变得更自信、更主动，能够更积极地参与到跨文化外语教学的课堂中。

跨文化外语教学中不仅包含语言文学的基础知识，而且涵盖了社会人文素质培养的高级内容。高校大学生经过中小学的英语学习，已经具备基本的语言能力，原则上这一阶段应以人文素养的开发为主。然而，最近在高校的跨文化外语教学调查中发现，教师普遍认为：由于课时有限，无法更好地开展跨文化英语教学；在时间条件有限的情况下，传统的高校英语课堂中，文化教学还是要为语言教学让步。事实上，人文修养和立体思维能力并不像知识教育一样可以单向讲学，而是需要建立在参与、体验、反思、领悟的基础上。翻转课堂把基础知识传授环节安排在课外，教师在课堂上组织活动，进行个别化指导、小组协调、答疑解惑，专注于引导学生对知识的吸收与内化，通过协作互动做深入探究，在情景创设里加强学生跨文化交际的能力。这一模式优化有利于优化课堂资源分配，实现跨文化外语课堂的有效教学。跨文化外语教学所测试和评价的内容不仅包括具体的语言知识、语言技能、文化认知，还包括情感交际、文化意识、思辨能力等复杂层面，因此采取的评价和测试方法也应该多元化。而翻转课堂的特点之一就是多维度、多层次地评估学生的学习成果，从课前的网络平台自我测验到课上活动的多向互动和评估，小组合作时的互评，以及教师对学生课上活动表现的评价，对项目成果和任务的评估都能弥补传统教学考试没有的测评客观性和全面性。

（二）翻转课堂理论与英语文化教学相结合的可行性

翻转课堂是新媒体冲击下英语文化教学的必然趋势，英语文化教学必须探索信息化教学的新模式。现代教育技术的发展为学生自主学习语言和文化资料提供方便的学习资源，也为英语文化教学中师生之间、生生之间的协作提供互动平台和交流工具。高校英语文化教学较之中小学英语文化教学更有条件实现翻转课堂。这是因为大学排课相对于中小学来说不那么密集，大学生具有更充足的课外时间和更灵活的时间安排，允许他们在课外完成预制板块的学习。高校学生相比于中小学生，具有更强的自我约束力和行动力，更具备网络学习所需的技术和实际操作能力，有利于他们顺利完成个性化自主学习。

二、翻转课堂理论在英语文化教学中的应用

由于翻转课堂教学模式强调课内与课外相结合，主张学生自主学习与课堂展示、讨论相结合，教师需要提前准备充足的教学资源，包括与课程内容有关的微课、慕课资源以及大量相关的网络语言素材（如视频和音频）。跨文化交际课程涵盖的内容，不仅仅局限于语言知识的积累和准确性等方面，而且包括历史、人文、艺术、节日等诸多方面的内容。许多语言素材可以通过搜索时事新闻、观看原文电影、阅读原文资料等方式获取。为了确保整个教学过程的完整性和有效性，翻转课堂教学模式在英语文化教学中的应用主要包括以下几个方面：

（一）学习单

为了让学生逐步适应自主学习的模式，教师可以根据实际教学内容设计一套可供学生参考的学习单，引导学生按照教学大纲和教学目的进行有意义的自主学习。在学习单中，可以列出本单元所涉及的教学内容、学生需要提前完成的自学内容、相关的语言学习材料目录、相关的文化积累材料目录，通过完成学习单上的内容，学生对“我知道什么?我想学什么?我发现了什么?”有所了解，逐步实现自主学习过程的构建，为课堂教学活动奠定必要的信息基础。

（二）课外自主学习

教师事先将所有教学内容分解成若干个阶段性、模块性的学习目标，将制作好的微课材料上传到网络平台，并指导学生制订相应的学习计划。学生既可以利用学校的网络自主学习平台，也可以自主在家完成学习任务。在学习内容的选择方面，学生应根据自身的文化背景知识积累情况以及语言水平等进行适当的选择，既要符合自己的实际需要，也要满足吸收新知识的需求，还要达到通过语言和文化知识的吸收与消化，将新知识转化成已知信息，最终在特定情景下与他人交流和分享，并能够使用目标语进行有效交际的目的。

（三）课内展示、谈论

在学生已经完成自主学习的前提下，教师可以将原本是教师主讲、学生听讲的课堂翻转成教师指导、学生展示学习成果的相互交流学习成果和经验的课堂教学模式。教师不再是课堂教学的主体，身份也由知识传授者转变为知识反馈过程中的指导者、支持者和评价者。学生的身份也从听讲者、被动的知识接受者转变为主动的内容设计者、活动参与者。

课堂教学内容和形式应该是多元化的，既可以给学生提供机会展示自主语言学习、文化知识积累的成果，以及通过自主学习微课程和了解西方国家的文化背景知识而总结出的中西方文化冲突、文化比较等内容，也可以为学生提供交流互动平台，组织各种形式的课堂对话活动（如访谈、辩论、讨论、总结、模仿等），相互探讨，补充对西方文化的深层了解以及使用目标语进行有效交流的经验和体会等。

（四）评价体系

翻转课堂教学模式不同于传统的教学模式，英语文化教学课程也不同于普通的语言知识课程。翻转课堂教学模式需要大量的微课程和慕课等资源以及学生较高的自主学习能力的支持。跨文化交际课程不是单纯的语言知识传递，而是在学生完成一定量的文化知识积累之后进行的文化对比和文化交际。

将翻转课堂教学模式融入英语文化教学课程，需要学生自主、自觉地完成文化知识积累，再经过翻转课堂上的展示与交流，将自主的信息输入转化为适当、有效的信息输出。其中，自主学习过程、学习效果、课堂活动参与程度等都需要一套完善的评价体系。

评价体系主要是针对学生的自主学习过程及学习效果，通过跟踪统计、成果展示、信息反馈等方式，让教师和学生共同对学生的自主学习情况有所了解，同时能逐渐培养学生的自觉性，让学生从适应到养成自行构建学习过程、对整个学习过程负责的好习惯。评价体系还可以让教师实时了解学生在自主学习过程中遇到的问题，为教师以后改进教学设计提供第一手的参考信息。

三、英语文化翻转课堂教学模式设计

在已有研究成果的基础上，根据外语人文性和工具性的特点，这里结合我国实际教学条件，提出在新媒体条件下，以学生为中心，以教学目标为驱动的英语文化翻转课堂教学模式。

教学活动以预设的教学总目标为起点，指导并推动四个教学环节的进行，逐一实现各个环节，再达成最初的总目标。循环过程也是学生学习能量转化的过程，最后转化为能力，实现目标。四个教学环节依次为课前阶段、第一堂课上、课后阶段及第二堂课上，流程之间表明语言文化在翻转课堂过程中得到持续吸收与深化。学生是循环围绕的核心，也是整体教学流程的中心，翻转课堂里的跨文化外语教学以学生为中心，教学过程以学生为本；教师尊重学生的学习方式，引导他们有效学习，培养他们优秀的学习能力和全面的语言人文素质。

基于翻转课堂的英语文化教学总循环流程包含四个基础教学板块，每一板块的教学设计都包括组织形式、内容目标、评估方式等。

（一）课前阶段

以个性化的自主学习形式来进行基础信息导入、平台提问、自我评估。师生先明确这一单元的主题以及切题的教学总目标。总目标包括提高语言能力和人文素质的培养，从这两个方面来驱动四个教学环节的进行。教师将预制板块内容传至网络平台，包括围绕主题的语言知识技能、文化常识等。语言方面可以是PPT的词汇与修辞写作技巧演示，文化方面可以有相关的影视广告等多模态材料。学生独立完成基础知识的学习后，应通过平台向教师反馈疑问，作为教师充分备课的参考项，同时需要自我评估和测试。

这一环节主要提高学生的自学能力、解决问题的能力，帮助学生找到适合自己的个性化、有效的学习习惯。

（二）第一堂课上

通过多维互动的课堂活动引导学生对语言文化知识的吸收与内化，同时由教师对学生进行课堂表现评价。这一教学板块维度由两部分构成：语言知识和技能运用，社会人文主题探究。两者有机融合，以单元主题为线索、以学生为中心开展课堂活动。教师在这一过程中是组织者、协调者，带领整个班级进行语言训练和文化探索，引发学生积极主动地思考，并将对课前收集的关键问题的解惑及个性化指导串联进对应的活动环节。学生是跨文化课堂的主角，运用所学语言交流探讨、协作探究加深对语言文化的理解；在此基础上能够批判地看待、理解不同文化思想和事实，并将升级的认知运用到由问题、图片、影视、音乐、演讲、新闻、口译模拟等创设的情景里。

这一阶段的学习评估以教师的评价为主，以组员之间的互相评分为辅。在课堂第二语言氛围里，学生进行关联主题的视听说、读写、口笔译等语言应用练习的同时，潜移默化地提高了自身的跨文化交际能力，完成了有效交际和深度学习。

（三）课后阶段

以合作学习形式围绕主题进行实践与拓展，把相关成果大纲提交给教师，组员之间进行互评。延伸形式包括扩展阅读、PPT 演讲展示、专题写作、跨文化交流项目、主题口笔译任务、电影配音、课文改编、角色扮演等，这些语言文化实践都应与本单元的主题紧密相连。课后阶段是深度学习后的实践阶段，是提升语言综合应用能力和跨文化交际能力的关键环节。合作学习的最后，学生必须总结实践拓展过程中的收获及疑难点，连同在第二次课上展示的主要内容一起提交给教师。据此，教师可以更有针对性地做好评析和反馈准备。

这一阶段，学习小组的组员共同参与了语言实践和文化拓展过程，身临其境地了解同伴的付出，彼此监督评估、互相鼓励进步。这一过程培养了学生积极探索以及交流协作的精神。

（四）第二堂课上

进行小组成果展示、小组之间效果评价和提问交流，教师对这个主题单元进行画龙点睛的总结深化。经过课后阶段的精心设计与准备，各个小组在规定的时间内用英语展示文化实践成果，小组之间可以互问或辩论，以进一步深入主题。教师最大限度地拓宽学生的语言应用渠道，除上文提到的延伸形式外，还可以举行报告会、辩论会、演讲比赛、诗歌朗诵会等；邀请外籍教师或留学生到场参与，从异国文化角度对学生的表现进行点评，分享风俗习惯、思维方式等，创建积极、真实的跨文化课堂环境，为学生拓展思路，打开国际化视野。之后教师对单元主题的语言文化系统进行梳理和总结。成果评价是最后的环节，以组间评估为主，实行一组一票制；教师结合学生的个人表现、作为小组成员的参与程度等内容进行评价，以激励为主，以评促学。

这一过程的主要内容是开放式的交流，师生之间、生生之间在沟通中碰撞出更美的智慧火花，使学生的创新精神和跨文化能力得到升华。

总之，基于翻转课堂的英语文化教学的四个教学环节紧密相连，各个环节语言文化知识的内化、人文素质的培养有机结合、逐步深化。

四、英语文化翻转课堂教学的辅助策略

（一）显性文化教学策略

显性文化教学策略是指相对独立于语言教学的，较为直接系统的、以知识为重心的文化教学策略。这种文化教学策略对于培养学生的跨文化意识十分有利。由于我国学生是在汉语环境下学习英语的，所以比起让学生在课堂学习过程中自然地获取异国文化的知识，显性文化教学策略更加省时、高效。而且显性教学策略直接明确地介绍外国文化，这有助于减轻学生由于对异国文化不熟悉而产生的困惑，而这种知识也是培养跨文化交际能力的基础。此外，文化教学中那些相对独立于语言教学的自成体系的文化知识材料可以很方便地供学生随时自学。

显性文化教学策略的运用大致有两种模式。一种模式是在语言课程之外开设专门的文化课程，如“英美概况”“英美文化”“跨文化交际”等，向学生直接、系统地教授英语国家的历史、地理、制度、教育、生活方式、交际习惯与礼仪等有形的文化知识。另一种模式是在语言课程中导入与“语言点”相对的“文化点”，这种文化导入通常是结合阅读课文或听力对话等语言知识的学习，因此相较于第一种模式而言缺乏系统性。

（二）隐性文化教学策略

交际教学策略的产生和发展给外语教育中的跨文化交际教学带来了新的思路，即当注重以交际为目的的语言在一定社会文化背景下被使用时，英语教学与英语文化的教学就自然地融合起来。这样一来，教学不是直接传授文化知识，而是强调在课堂提供的真实的交际情景中以交际为目的而使用语言的过程中自然地习得目的语文化，存在一种

“通过实践来学习”的理念。而这种融于语言学习之中的、较为间接的、相对分散的、以行为为重心的文化教学策略就是隐性文化教学策略。

这种教学策略十分注重语言的社会功能和交际功能，强调语言教学与文化教学真正的有机结合，提倡“通过实践来学习”，以填补教授外国文化的隐性内涵方面的空白，尤其是隐含在语言使用中的文化知识和话语规则。此外，学生个体的交际需求也深受隐性文化教学策略的重视，对此隐性文化教学策略常根据学生的实际情况进行有针对性的教学，从而在有效的课堂教学中使文化教学的效率得以最大化。

（三）文化对比策略

所谓对比策略，就是通过对不同文化之间的交际行为和决定这些交际行为的交际规则、思维方式与价值观念的对比分析来揭示文化的异同点，尤其是文化差异及其造成的文化误解和文化冲突，进而研究和提出排除文化差异干扰的有效方法，以促进交际双方的相互理解。通过对文化进行对比分析，可以有效帮助学生克服在语言和语言文化学习中产生的心理障碍。例如，“夏天”在汉英两种文化中的联想意义是完全不同的。在中国人看来，夏天是炎热难熬的，但英国的夏天最高温度也不过 27 摄氏度，因此英国文学作品中的夏天往往美好而惬意。在具体的教学中，教师就可以将中英文国家不同的地理和气候条件进行对比分析，以使学生深刻地了解因地理因素而引起的文化差异。

运用这一方法进行教学时，教师要注意引导学生正确、客观而积极地认识和对待本国文化与外国文化之间存在的差异。一方面要使学生对外国文化持客观、宽容的态度，避免产生狭隘的民族主义；另一方面也要使学生坚持本国的优秀文化传统，避免盲目崇仰外国文化。

（四）文化讲座策略

文化讲座是英语文化教学中常见的一种教学形式。文化讲座是指由教师组织的，以班级为单位、以演讲为主要方式，由聘请的专家、学者对学生进行英美文化传授的方法。这种方法可以拓宽学生的视野，帮助学生获得更多的英美文化知识。一方面，文化讲座的内容汇集了专家、学者最新的研究成果和研究方法，以及教师本人的学习心得与体会；另一方面，文化讲座对学生已知、未知、欲知的文化知识进行深入分析，以学生的实际需求为出发点来安排具体的讲座内容，因而可以为学生提供许多宝贵的信息资源，有效帮助学生提高跨文化交际能力。

（五）文化旁白策略

文化旁白是指在进行语言教学时，就所读的材料或所听的内容中有关的文化背景知识，教师见缝插针地做一些简单的介绍和讨论。一般来说，教材所选的课文都有特定的文化背景，可以是作者背景，也可以是内容背景或者时代背景。如果学生不了解或缺乏相关的背景知识，就会影响他们对文章的正确理解，自然也就不能对阅读理解的问题作出准确的推理和判断。使用文化旁白策略不仅能有效地清除部分语言认知的障碍，帮助学生正确理解英语，而且能让学生开阔眼界，增长见识。

文化旁白策略有多种灵活的操作方式，教师既可以充当讲解员，也可以运用图片、实物教具或多媒体课件等手段进行讲解；既可以在讲解段落或句子时进行，也可以在听力教学中随时进行。需要指出的是，文化旁白策略具有任由教师掌握、随机性大的缺点，而且对教师的要求很高，需要教师具有较强的驾驭语言与文化知识的能力和一定的教学技能与艺术。

（六）文化讨论策略

文化讨论策略是一种激发学生学习积极性、活跃课堂气氛的有效方法。文化讨论策略就是以班级为单位，以教师为组织者，调动学生就某个专题开展有程序的、面对面的讨论，以解决实际问题或解答特定课题。这种方法不仅可以调动学生的学习兴趣和积极性，使他们对所讨论的结果产生深刻的印象，还可以有效培养学生对英美文化的敏感性，使他们在英语学习中善于发现英美文化的特点并乐于了解和学习英美文化。例如，在教授 *Healthy Eating* 一课时，教师可先为学生提供一篇介绍西方饮食文化的材料，组织学生就材料的内容进行介绍和讨论，然后让学生就中西方饮食文化进行对比、分析和讨论。

（七）外国文学作品鉴赏策略

外国文学作品鉴赏策略是英语文化教学中常用的一种有效方法。这种方法是指在教师的指导下，学生对文学作品进行多角度的剖析，了解人物的情感，了解不同文化背景下的人与人之间的交流和文化冲突。现在很多学生阅读文学作品仅仅是为了追求情景或扩大词汇量，而忽视了文学作品中所反映的文化细节问题，如风俗习惯、文化差异等。

因此，采用这一方法，可以将学生的注意力转移至文化背景知识上，从而增加学生的文化背景知识。

（八）影视欣赏策略

我国学生多是在汉语环境下学习英语的，几乎没有机会与以英语为母语的人直接进行交流，但是观赏外国影视作品可以弥补这一缺憾，将学生带入一个英语环境。而且现在的学生大都喜欢看电影，对此教师可以通过影视欣赏的方式来加强学生对西方价值观念和思维方式的学习。通常英文影片中的语言生动、真实，词汇与语境非常贴切，语音能体现出人物的年龄、性别、地位等特点，语速不是教学音频中的标准语速，而是由表达内容、故事情节所决定的真实环境中的语速。这些特点把语言知识与具体情景有效结合起来，为学生提供了真实的语言与文化信息，对于学生接触地道的英语，增长学生的文化知识，提高学生的跨文化交际能力都非常有利。

（九）角色扮演策略

角色扮演是一种行之有效的文化教学策略。该策略通常由两名或两名以上学生参加，为了完成特定的目标分别扮演不同的角色，然后在教师及其他学生面前表演出来。没有参加角色扮演的学生作为观众，观察并发现学习目标规定的某些问题。角色扮演的主题可以是与来自其他文化的人第一次见面、进行国际谈判、在某一个你不熟悉的文化场景中拒绝别人等。角色扮演的脚本应该清楚、简洁，具有趣味性和戏剧的张力，而且结局应该是开放式的，采用日常生活工作或社交场景中使用的语言。角色扮演的实施过程如下：

①向学生说明角色扮演的目的是使他们练习使用某一策略，鼓励他们尝试新的活动。

②向学生描述角色扮演发生的情景。

③确定参与表演的学生，可以由学生自愿参加或者由教师指定，给每个参与的学生提供所需的背景知识，给他们足够的时间做准备。

④指导参与表演的学生做好准备工作。

⑤给观看角色扮演的学生分配学习任务。

⑥布置好表演的场地。

⑦开始表演之后要做笔记，记录下表演者说的要点，以便之后开展讨论。

⑧表演结束后，请观众思考：在相似的情景中，有没有其他的解决问题的方法。

⑨请学生回答一系列的问题，目的在于使学生能够描述角色扮演中呈现的问题，给学生思考其他策略的机会。

在文化教学中采用角色扮演策略，可以使学生身临其境地接触相应的文化，增强其对文化的理解和感知。具体来讲，在文化教学中采用角色扮演策略可使参与的学生在人际交往的场景中清楚地了解相关技能，以及有效的和无效的行为所产生的影响；教师可以通过参与表演的小组对有效和无效行为予以更多的控制；可使参与表演的学生有机会在真实的场景中尝试使用和巩固新技能；有助于提高学生的学习兴趣。

参考文献

［1］戴朝晖. 基于慕课理念的大学英语翻转课堂研究［M］. 青岛：中国海洋大学出版社，2019.
［2］丁睿. 大学英语教学发展研究［M］. 长春：吉林人民出版社，2019.
［3］董怡平，刘芳. 基于翻转课堂的大学英语教学模式研究［M］. 长春：吉林大学出版社，2018.
［4］段茂超. 大学英语教学创新与实践研究［M］. 长春：吉林出版集团股份有限公司，2021.
［5］方芳. 改革视域下的大学英语教育新探索［M］. 长春：吉林大学出版社，2019.
［6］扈玉婷. 大学英语生态化写作教学研究［M］. 北京：北京理工大学出版社，2019.
［7］黄燕鸥. “互联网＋”背景下大学英语教学体系的反思与重建［M］. 成都：电子科技大学出版社，2018.
［8］李解人. 大学英语教学模式探究［M］. 北京：新华出版社，2020.
［9］李晓琳. 大学英语写作翻转课堂教学设计研究［M］. 长春：东北师范大学出版社，2018.
［10］李晓朋. “互联网＋”时代英语自主学习与课堂教学的整合模式探究［M］. 成都：电子科技大学出版社，2018.
［11］陆国栋，楼程富. 开放、融合、互动、内化：浙江省高校首批“翻转课堂”优秀案例［M］. 杭州：浙江大学出版社，2018.
［12］吕文丽，庞志芬，赵欣敏. 信息化时代下的大学英语教学改革探索［M］. 长春：吉林大学出版社，2019.
［13］吕英娜. 大学英语教学模式改革与创新［M］. 合肥：合肥工业大学出版社，2020.
［14］潘英慧. 基于微课的大学英语教学模式分析与研究［M］. 长春：吉林科学技术出版社，2020.
［15］任彦卿. 基于移动学习系统的大学英语教学研究［M］. 长春：吉林人民出版社，2019.

[16] 阮彬. 基于微课的翻转课堂教学模式在大学英语教学中的应用[M]. 长春：东北师范大学出版社，2019.
[17] 宋立娜，杨初楠，王丽. 新视野视域下的大学英语听说教学[M]. 长春：吉林大学出版社，2020.
[18] 苏超华. 新时代大学英语智慧教学论[M]. 长春：吉林人民出版社，2019.
[19] 王朝杰. 大学英语翻译理论与实践研究[M]. 北京：新华出版社，2020.
[20] 王凤玲. 信息化背景下大学英语教学的变革与探索[M]. 长春：吉林出版集团股份有限公司，2021.
[21] 王岚. 大学英语多模式教学实践[M]. 北京：原子能出版社，2020.
[22] 吴文静. 大学英语阅读与翻转课堂教学研究[M]. 长春：吉林出版集团股份有限公司，2020.
[23] 杨培. 探索与革新：大学英语教育发展与人才管理研究[M]. 北京：经济管理出版社，2021.
[24] 杨艳. 英语教学创新研究[M]. 长春：吉林人民出版社，2019.
[25] 仰姝. 互联网＋时代大学英语教学研究[M]. 北京：中国商务出版社，2020.
[26] 姚嘉，王军，余斌. 大学英语翻转课堂式翻译教学[M]. 石家庄：河北科学技术出版社，2018.
[27] 于辉. 当代大学英语教学改革多元化趋势研究[M]. 长春：吉林大学出版社，2018.
[28] 苑丽英. 互联网＋视域下大学英语教学的创新探索[M]. 长春：吉林人民出版社，2019.
[29] 张乐平. “互联网＋”时代背景下大学英语教学改革与发展研究[M]. 长春：吉林大学出版社，2019.
[30] 张茂君. 当代大学英语教学与文学的融入探究[M]. 长春：吉林大学出版社，2019.
[31] 郑丹，张春利，刘新莲. 当代大学英语教学体系建构与实践研究[M]. 北京：中国纺织出版社，2019.
[32] 钟丽霞，任泓璇. 翻转课堂模式下的大学英语教学改革及创新优化[M]. 长春：吉林大学出版社，2019.
[33] 朱飞. 大学英语教学中的翻转课堂[M]. 长春：吉林大学出版社，2020.